新闻传播学重点学科建设丛书

编 委 会

主　编　张德胜

副主编　万晓红　付晓静

编　委　（以姓氏拼音为序）

付晓静　万晓红　王　雷　肖　宁

张德胜　张钢花　赵　蕴

新闻传播学重点学科建设丛书

媒体体育与体育媒体

张德胜 著

Mediasport and Sports Media

中国·武汉

内 容 提 要

《媒体体育与体育媒体》界定了"媒体体育"的概念，并作出了科学合理的内涵解析，指出媒体体育是体育新闻传播发展到成熟阶段的产物，是体育在媒体文化和消费社会交互背景下的多元化传播方式。由浅入深呈现出媒体建构体育、媒体介入体育、媒体控制体育三种传播模式。详述了中国媒体体育的基本现状、现存问题以及对策思考，有针对性地提出了一些解决中国媒体体育根本性问题的战略性对策，如建立体育信息主管制度，建立与推广大型赛事的媒体运行服务体系，体育媒体的跨媒体、集团化、公司化运营以及股份制改造等。明确指出媒体体育是一个动态的系统，其总体发展趋势是媒体与体育相互依存、相互促进，进而打造一条集赛事资源、媒体资源、赞助资源、受众资源于一体的媒体体育产业链条，进而得出媒体体育要以体育媒体来运行并产生传播效果的结论。

图书在版编目(CIP)数据

媒体体育与体育媒体/张德胜著.—武汉：华中科技大学出版社，2013.12(2024.2重印)
（新闻传播学重点学科建设丛书/张德胜主编）
ISBN 978-7-5609-9609-7

Ⅰ.①媒… Ⅱ.①张… Ⅲ.①体育-传播媒介-研究-中国 Ⅳ.①G219.2

中国版本图书馆 CIP 数据核字(2014)第 000292 号

媒体体育与体育媒体 张德胜 著

策划编辑：周小方 杨 玲
责任编辑：苏克超
装帧设计：原色设计
责任校对：马燕红
责任监印：周治超

出版发行：华中科技大学出版社(中国·武汉) 电话：(027)81321913
　　　　　武汉市东湖新技术开发区华工科技园 邮编：430223
录　　排：华中科技大学惠友文印中心
印　　刷：武汉邮科印务有限公司
开　　本：710mm×1000mm　1/16
印　　张：11.25　插页:2
字　　数：214 千字
版　　次：2024 年 2 月第 1 版第 6 次印刷
定　　价：38.00 元

本书若有印装质量问题，请向出版社营销中心调换
全国免费服务热线：400-6679-118　竭诚为您服务
版权所有　侵权必究

总 序

随着互联网大数据时代的来临,新闻传播实践呈现出越来越纷繁复杂的景象,作为积极回应现实的学科,新闻传播学面临诸多新的挑战,这些挑战反过来也成为推动学术研究发展的新动力。

在全国众多的新闻传播院系中,武汉体育学院新闻传播学院的新闻传播教育富有自己的办学特色与研究特色。

从办学特色看,武汉体育学院新闻传播学院坚持理论与实践相结合,努力把自身打造成新闻教育的基地和体育记者的摇篮。从2001年开始,新闻传播学院先后开办了新闻学、播音与主持艺术、广告学、广播电视编导、视觉传达设计等本科专业,2013年获批成为湖北省省级试点学院,这也是全省新闻传播类唯一的试点学院。2014年,由新闻传播学院牵头,联合湖北师范学院、湖北第二师范学院、华中科技大学武昌分校三校的新闻传播院系,与湖北广播电视台共建省级实习实训示范基地。

从研究特色看,新闻传播学院坚持新闻传播学与体育学融合研究,探索融媒时代新闻传播的前沿问题。为此,新闻传播学院设立了媒体体育研究中心这一校级科研平台,建立了全国第一个科研型的体育节目数字处理实验室。2012年10月,新闻传播学院新闻传播学获批省级重点培育学科,从而迎来了学科建设发展的新契机。2014年,张德胜教授牵头申报的"融媒时代的体育新闻传播研究"获批湖北省优秀中青年科技创新团队项目。

学科建设是龙头,专业建设是基础,团队建设是关键。"抢机遇,入主流,创特色,出精品",这已成为武体新闻传播人的基本共识。本丛书即是在这一背景下推出,从科研方面彰显出2013年度武汉体育学院新闻传播学省级重点培育学科建设的成果。

"新闻传播学重点学科建设丛书"第一批书目收录了五本专著,包括:张德胜教授的《媒体体育与体育媒体》,万晓红教授的《奥运传播与国家形象建构——以柏林奥运会、东京奥运会和北京奥运会为样本》,付晓静博士的《1990年代以来媒介体育传播中的民族主义话语建构》,姚洪磊博士的《纪录片审美经验现象学》以及周榕博士的《中国公共危机传播中的媒介角色研究——以2000—2013年重大公共危机事件为例》。

这些著作既有对体育传播现象的深入考察与理论透视,也有对新闻传播学新鲜话题的深入解析与回应;既涉及宏观的理论问题,又涵盖了微观的实践分析。这五本著作,理论视角多元,研究思路丰富,关注问题深入,都是在作者博士论文的基础上进行思考与沉淀,经过不断的修改与补充得以问世的。

这套丛书的出版,标志着新闻传播学院学科建设在科研能力提升上进入了快车道,对于武体新闻传播学院师资水平,也是一个全方位的展现。从体育传播学研究来看,本套丛书中的前三部,集中体现了新闻传播学院教师对于体育传播学前沿问题的关切,展现出新闻传播学院教师在体育传播学领域的研究水准与研究实力。而姚洪磊博士与周榕博士,均是近年来学院引进的新闻传播学博士,他们都有着较长时间的新闻从业经历,再加之博士期间系统的学术训练,使他们的著作鲜明地体现了理论考察与实践体悟的结合。

"新闻传播学重点学科建设丛书"得以顺利出版,首先要感谢湖北省教育厅与武汉体育学院对新闻传播学重点学科建设的资助,其次还要感谢华中科技大学出版社的关心与支持。我们期待这套丛书的问世,能从不同视角丰富现有新闻传播学与体育传播学的研究,引起学界的关注与回应,从而进一步推动学院重点学科建设的发展。

这五部著作的问世,只是新闻传播学院省级重点学科建设的起点,不是终点。

张德胜

武汉体育学院新闻传播学院院长

东湖学者特聘教授

博士生导师

序

媒体体育的出现，与奥运会有关。1984年洛杉矶奥运会既是奥运史上的一个转折点，也是体育传播史上的一个转折点。从这届奥运会开始，奥运会逐渐从神圣奥运转变为商业奥运与媒体奥运，欧美学者随后开始将传播学视野下的媒体研究和体育社会学研究结合起来，一个新的研究领域——媒体体育研究于是便产生了。

20世纪90年代末，美国等西方国家开始出现媒体体育研究的标志性成果，而我国学术界迄今对此研究不多。出于对外学术交流、促进我国从体育大国向体育强国转型、促进国民身心健康、促进体育媒体发展以及应对经济危机、繁荣文化产业与体育产业等多重需要，本书全面系统研究当前我国媒体体育的基本现状、现存问题以及发展对策。

本书对发端于欧美学界的"媒体体育"概念，进行了独立自主的界定与全面系统的阐释，使之具有更强的学理性和可操作性。本书提出，媒体体育是体育新闻传播发展到成熟阶段的产物，是体育在媒体文化和消费社会交互背景下的多元化传播方式，由浅入深呈现出媒体建构体育、媒体介入体育、媒体控制体育三种传播模式。

本书运用新闻学、传播学等多学科知识，采取历史阐述、内容分析、数理统计、案例分析、专家访谈等多种方法，集中研究了四个方面的问题：一是勾勒了新中国成立以来我国体育新闻传播实务的历史轨迹；二是从机构、文本、受众三种视角分析了当前我国媒体体育的基本现状；三是扼要梳理了当前我国媒体体育存在的主要问题；四是有针对性地提出了解决我国媒体体育根本性问题的战略性对策。

本书的创新点体现在三个方面：一是完整系统地勾勒了媒体体育的国际发端及其在中国的发展；二是独立自主地界定了"媒体体育"的概念，并作出了科学合理的内涵解析；三是有针对性地提出了一些解决中国媒体体育根本性问题的战略性对策，如建立体育信息主管制度，建立用以推广大型赛事的媒体运行服务体系，体育媒体的跨媒体、集团化、公司化运营以及股份制改造等。

本书指出,媒体体育是一个动态的系统,其总体发展趋势是媒体与体育相互依存,相互促进,进而打造一条集赛事资源、媒体资源、赞助资源、受众资源于一体的媒体体育产业链条。

张德胜
2015 年 6 月

目录

第一章　绪论/1
　　第一节　研究缘起/3
　　　　一、研究媒体体育是国际学术交流的需要/3
　　　　二、研究媒体体育是促进我国从体育大国向体育强国转型的需要/4
　　　　三、研究媒体体育是促进国民身心健康的需要/5
　　　　四、研究媒体体育是促进体育媒体发展的需要/6
　　　　五、研究媒体体育是应对经济危机的需要/7
　　第二节　研究意义/9
　　　　一、理论意义/9
　　　　二、实际意义/9
　　第三节　研究现状/10
　　　　一、国内的研究情况/10
　　　　二、国外的研究情况/12
　　　　三、文献分析发现/14
　　第四节　相关概念及其阐释/15
　　　　一、体育/15
　　　　二、体育传播/20
　　　　三、体育新闻传播/21
　　　　四、体育新闻报道/21
　　　　五、媒体体育/22
　　第五节　研究方法与理论支撑/31

一、研究方法/31

二、理论支撑/32

第六节 主要的研究内容、难点与创新点/36

一、研究的主要内容/36

二、研究重点、难点与创新点/36

第二章 我国体育新闻传播实务的历史轨迹/39

第一节 百废待兴期(1949—1966)：一报一刊搞宣传，广播电视初体验/41

一、时代背景/41

二、机构概况/41

三、文本概况/42

四、受众概况/43

第二节 十年动乱期(1966—1976)：媒体服从政治，报道亦为应景/43

一、时代背景/43

二、机构概况/43

三、文本概况/43

四、受众概况/44

第三节 调整改革期(1976—1994)：综合性媒体挑大梁，专业性报刊渐崛起/44

一、时代背景/44

二、机构概况/44

三、文本概况/45

四、受众概况/46

第四节 社会转型期(1994年至今)：电视为王，网络崛起，报刊洗牌，广播突围/46

一、时代背景/46

二、机构概况/47

三、文本概况/48

四、受众概况/49

第三章 我国媒体体育的基本现状/51

第一节 媒体体育生产现状/53

一、体育新闻是综合性媒体的重要板块/53

二、电视是媒体体育的主要载体 /55

三、体育媒体之间的竞争日趋激烈 /56

第二节 媒体体育文本现状 /57

一、媒体体育的常见题材 /57

二、媒体体育的赛事再现 /59

三、媒体体育的主题建构 /61

第三节 媒体体育消费现状 /72

一、媒体体育消费者的体育素养 /72

二、媒体体育消费者的主体特征 /77

三、媒体体育消费者的行为特征 /79

第四章 我国媒体体育存在的主要问题 /85

第一节 媒体体育生产问题 /87

一、媒体机构产权关系不清晰,影响企业做大做强 /87

二、体育组织与体育媒体关系不顺 /88

三、联赛水平不高与学校体育滞后导致赛事资源不足 /91

四、运营模式模糊与盈利模式单一 /94

五、体育新闻从业人员缺乏忠诚度与归属感 /95

第二节 媒体体育文本问题 /97

一、媒体体育文本粗制滥造 /97

二、"四大公害"层出不穷 /102

三、解说评论水平良莠不齐 /106

四、明知故犯,盗版猖獗 /109

第三节 媒体体育消费问题 /110

一、电视观众"吃惯了免费餐",体育收视费缺乏市场基础 /110

二、电视体育观众普遍存在"只看不练"现象 /112

三、年轻的传统媒体受众正在不断流失,成为体育"网民" /113

第五章 我国媒体体育的发展对策 /115

第一节 媒体敦促体育部门管办分离,"三善"媒体 /117

一、敦促体育部门尽快打破"事权不明、管办不分"的陈旧格局 /117

二、帮助体育部门建立体育信息主管、新闻发言人、危机公关等基本制度 /118

三、帮助体育部门构建大型赛事的媒体运行服务体系 /124

四、建立新型的体育组织与体育媒体关系 /133

第二节　媒体加快自身改革,做大做强 /136

一、跨媒体、全媒体、集团化是改革总趋势 /136

二、制播分离、公司化运作是改革的突破口 /138

三、深化媒体体育报道业务,多方位提升综合实力 /141

四、建立体育媒体同业联盟,互相监督,互惠互利 /143

五、个案研究:中视体育娱乐推广有限公司(中视体育) /145

第三节　媒体携手赞助商,打造品牌赛事 /146

一、体育赞助的定义与方式 /146

二、通过体育赞助推广企业品牌,赛事、传媒和赞助商组成"铁三角" /149

三、推出全新的体育营销模式,共铸媒体、商家两品牌 /150

第四节　媒体培养体育观众,促进社会和谐 /153

一、通过议程设置,摒弃色情与暴力,提倡健康向上 /153

二、通过专题节目普及体育知识,鼓励受众亲赴现场,走上看台 /154

三、媒体、体育部门、教育部门三元互动,家庭、学校与社区三元互助,共同提升公民体育素养 /155

四、群众体育、赛事资源、体育报道三方互利,丰富媒体体育内涵,实现良性循环 /157

第六章　结语 /159

参考文献 /165

后记 /169

第一章

绪论

第一节 研究缘起

一百多年以前,美国著名报人普利策曾经把体育、绯闻和罪恶作为媒介吸引受众的三大法宝。而自1896年顾拜旦恢复了奥运会以来,体育就一直是全球性的热门话题。体育已经融入了我们的生活,改变了我们的生活,而且还将进一步深远地影响我们的生活。

本书基于以下五个方面的原因开展研究。

一、研究媒体体育是国际学术交流的需要

媒体体育发端于美国,西方学者早在20世纪末就已开始系统研究,而我国学术界迄今无人问津,因此,我们必须研究媒体体育。

美国是世界经济强国和体育强国,美国人一向热爱体育,热爱体育报道,热衷于体育新闻和体育传播研究。但是,对于美国体育产业、体育新闻传播及其研究来说,20世纪90年代才真正成为一个分水岭。在90年代中期,美国体育运动已经成为一个年产值达500亿美元的新兴产业,体育记者已渐渐获得了同行们的尊重,体育记者和编辑充当主队拉拉队长的时代已经过去了,现代体育记者是以严肃、挑剔和细致周到的态度来从事自己的工作的。因此,有评论家认为,20世纪90年代是美国体育新闻传播业从"新闻业的私生子"向"严肃的新闻事业"转变的重要时期。而美国著名体育记者瑞德·史密斯感言道,从事体育新闻报道是人类迄今为止发明的最愉快的一种谋生方式。

在这一重要的转型期,美国的体育新闻报道研究已经达到了前所未有的高度,而媒体体育研究也开始滥觞。其中,体育新闻报道研究的集大成者,当属布鲁斯·加里森与马克·塞伯加克合著的《体育新闻报道》,此书于1985年第一次出版,其后成为美国体育新闻业界的"圣经",其第二版在2002年被翻译成中文在我国出版。步布鲁斯·加里森与马克·塞伯加克之后尘,史蒂夫·威尔斯坦在2002年推出了他的《美联社体育新闻报道手册》,此书的中文版于2004年在我国出版。至此,美国的体育新闻报道研究可谓达到了炉火纯青的地步。这两部著作的共同特点,就是讲述如何做一名合格的体育记者或编辑。

由于体育越来越引人注目,1975年,Robert Lipsyte发明了"体育世界"一词,引发了人们对于体育、体育新闻、体育传播的研究热情。而"媒体体育"(MediaSport)一词的出现,是在20世纪90年代。在20世纪70年代,虽然有人研究媒体与体育,但无人研究媒体体育。到了20世纪80年代,因英式足球

和美式"超级碗"橄榄球赛持续火爆,以及洛杉矶奥运会的成功举行,在美国出现了媒体与体育相互关系的先锋研究。当时的话题集中在两种冲突模式的研究方面,即电视寄生于体育,还是电视与体育共生。到了20世纪90年代,随着传播学下的媒介研究和体育社会学强势介入体育新闻传播研究,传统的体育新闻报道研究虽然还在继续,但不足以解决体育与社会、商业、受众等方面的关系问题,于是一个全新的研究领域——媒体体育研究诞生了,其代表作就是 Lawrence A. Wenner 主编的《媒体体育》(MediaSport),该书于1998年出版,但至今尚无中文版面世。

目前,我国的体育新闻传播研究,重心仍放在体育新闻报道方面,其数量之多,可谓汗牛充栋,而这些研究更多涉及的是一些操作层面上的技术问题,充其量是一种静态研究,而且更多是在"炒剩饭",既不能解决现实问题,又缺乏新意。相反,通过搜索中国知网,我们没有发现与 MediaSport 对等的"媒体体育(或媒介体育)"一词,这表明我国学者对这一体育传播的前沿研究无人问津。由于体育和体育传播是一种国际性的语言,体育无国界,我们必须借鉴西方人先进的研究经验,吸收他们优秀的研究成果,并结合我国的国情,来研究中国的媒体体育问题。

二、研究媒体体育是促进我国从体育大国向体育强国转型的需要

后奥运时代,我国要从体育大国向体育强国转型,这就既要求体育媒体适应报道内容和主题可能发生的变化,又要求体育媒体配合、支持与推动以体制改革为核心的中国体育全面改革,促进体育发展,因此,我们必须研究媒体体育。

2008年北京奥运会已成为中国体育发展史上的一个分水岭。我国终于实现了百年梦想,举办了奥运会,实现了金牌总数第一。我国成为继美国、法国、英国、瑞典、德国和原苏联之后,奥运百年历史上第七个登上金牌榜首席的国家。

然而,不少有识之士认识到,我国虽然是奥运金牌大国,但尚不是体育强国。主要原因如下。第一,我国在北京奥运会上所获得的金牌,主要集中在体操、跳水、举重、羽毛球、乒乓球等国际普及率不高却是我国的传统优势项目上,含金量不够高。其中,羽毛球、乒乓球等属奥运边缘项目,随着国际奥委会奥运"瘦身"计划的深入,它们随时有被驱逐出奥运会的危险。第二,在奥运核心项目田径、游泳等比赛中,我国运动员的实力尚无法与世界头号体育强国美国抗衡。第三,世界上开展得最为广泛、最受欢迎、观赏性极强的足球、篮球、排球"三大球",我国的总体水平还远没有达到世界一流。尤其是在号称"世界第一运动"的足球方面,我国男足的表现乏善可陈。第四,在那些职业化程度

高、在全球开展广泛、具有巨大商业价值的项目中,我国还无法与欧美等世界体育强国抗衡,我国也因此缺乏真正意义上的世界体育巨星。第五,虽然我国已连续五届奥运会取得大捷,跻身金牌大国行列,众所周知,这主要是举国体制、不计血本换来的结果。与国家过度重视竞技体育相比,我国的群众体育的发展水平还不够高,群众体育、全民健身水平还很低,中国人整体的体质状况堪忧。我国的体育基础设施还十分薄弱,健身场地严重短缺。

2008年9月29日,胡锦涛同志在北京奥运会、残奥会总结表彰大会上讲话时强调指出:体育是社会发展和人类文明进步的重要标志,是综合国力和社会文明程度的重要体现。成功举办北京奥运会、残奥会,极大激发了亿万人民的体育热情,极大地推动了我国体育事业发展。我们要坚持以增强人民体质、提高全民族身体素质和生活质量为目标,高度重视并充分发挥体育在促进人的全面发展、促进经济社会发展中的重要作用,实现竞技体育和群众体育协调发展,进一步推动我国由体育大国向体育强国迈进。

2009年1月20日,全国体育局长会议召开。会议提出,在后北京奥运时代,增强人民体质、提高全民族身体素质和生活质量是中国体育发展的核心目标。国家体育总局局长刘鹏在工作报告中指出:中国体育将在新的更高的起点上进一步树立发展信心,努力从体育大国向体育强国迈进。

何谓"体育强国"?无论是政界还是学界,并无一个统一说法。徐本力(2009)认为,体育强国是指包括以竞技体育和大众体育为主的体育事业的整个结构的发展水平。它具体是指以社会体育为基础、竞技体育为先导的体育事业发展各个领域的总体发展水平在世界上处于一流和前列的国家。这些领域不仅包括竞技体育和大众体育,还包括体育科技、体育教育、体育文化、体育场地、体育产业等方面[①]。

在从体育大国向体育强国的转型过程中,正确处理体育组织与体育媒体之间的关系尤为重要。要处理这一关系,仅仅研究传统的新闻学意义上的体育新闻报道问题还远远不够,而这正是传播学意义上的媒体体育的研究范畴,所以,我们有必要研究中国的媒体体育。

三、研究媒体体育是促进国民身心健康的需要

与大多数西方人热衷于体育参与不同,很多中国人愿意做体育迷,而不愿意做运动者。因此,我们必须通过研究媒体体育来提高国民的媒介素养和体育素养,从而激发国民亲身参加体育运动的热情,促进国民的身心健康,提高

---

① 徐本力.体育强国、竞技体育强国、大众体育强国内涵的诠释与评析[J].天津体育学院学报,2009(2):93-98.

他们的社会交往与社会适应能力。

众所周知,体育是培养高素质公民最有效、最有趣、最实用的方式。但是,由于生活质量、生活方式等多方面的原因,与外国人特别是欧美人酷爱体育、参与体育不同,中国人对于体育的接触,往往不是通过亲身参与运动,而是通过接触媒体来接触体育,他们真正接触到的不是现实中的体育,而是媒体化的体育。这就迫使我们必须系统研究媒体体育,通过提高公民的媒介素养,来提高人们的体育素养,在提升人们体育鉴赏能力的同时,激发人们投身体育运动的热情,使之亲身参与体育运动,从中获得健康与快乐。

媒介素养和体育素养都是现代社会人的基本能力。董璐(2008)认为:媒介素养是指人们获取、分析、衡量和传播媒介中讯息的能力。不同的媒介以不同的方式延伸着我们的感官,许多不同形态的媒介正在崛起,因此,要确保媒介发挥正向功能,最好的方法就是增强人们使用媒介的能力,即媒介素养。① 蔡帼芬、张开在《媒介素养教育与国际新闻传播》一文中指出:媒介素养是传统素养(听、说、读、写)能力的延伸,它包括人们对各种形式的媒介信息的解读能力、思辨能力、反应能力和利用能力。体育素养是在先天遗传素质的基础上,通过后天环境与体育教育的影响所产生的包括体质水平、体育知识、体育意识、体育行为、体育技能、体育个性、体育品德等要素的综合素质与修养。② 北京奥运会是改善国民体育素养的难得契机,也是帮助国民积极参与体育,投身社会,通过体育健身、健心、健群的良好开端。在后奥运时代,国民体育素养较之北京奥运会之前有了普遍而明显的提高,但由于存在地区、民族、性别、年龄、职业、习惯、环境等方面的差异,我国国民体育素养参差不齐,我们既要提高整体水平,又要实行政策扶持与重点倾斜。而后奥运时代国民体育素养问题,关系到国民体质健康和身心愉悦,关系到群众体育和竞技体育的平衡发展,关系到国家体育产业布局和GDP(国内生产总值)持续增长,关系到社会和谐和民族进步。研究中国的媒体体育,有助于广大受众将这两种能力结合到一起,从而转化为现实的体育参与行动。

四、研究媒体体育是促进体育媒体发展的需要

进入21世纪以来,国内体育报纸纷纷倒闭,众多体育频道也难以为继,体育杂志长期不温不火,体育媒体面临重新洗牌,因此,我们必须研究媒体体育,促进不同类型体育媒体的协调与健康发展。

2001年7月13日,北京成功申请到了2008年奥运会的举办权,当时,舆

---

① 董璐.传播学核心理论与概念[M].北京:北京大学出版社,2008:203.
② 余智.体育素养概念研究[J].浙江体育科学,2005(1):69-72.

论普遍认为,中国的体育媒体将迎来前所未有的大发展大繁荣的春天。但结果事与愿违,不等北京奥运会开幕,《南方体育》《球报》《中国足球报》等知名体育报纸就遭遇了相继倒闭的寒冬。传统的强势纸媒《足球报》虽未倒闭,但也在持续亏损,只有《体坛周报》一家独大。

中国体育报纸在北京奥运会之前纷纷倒掉,究其原因,主要有五点。一是中国足球水平日益滑坡,负面新闻泛滥成灾,而传统体育报道又皆以足球新闻打天下(仅次于足球新闻的是篮球新闻和网球新闻),这是体育报纸面临如此困局的重要原因之一。二是电视的冲击。三是互联网的夹击。四是都市报、晚报体育版的优势明显,压缩了体育专业报纸的生存空间。五是新闻界的"四大公害"——有偿新闻、虚假报道、低俗之风和不良广告在体育报纸中屡禁不绝,体育记者的职业操守不高,滥用公器,业界自身也成了自己的掘墓人。

体育专业报纸的窘况如此,体育电视频道的日子也好不到哪里去。目前我国有数十家电视体育频道,只有央视体育频道(CCTV-5)一家独大,稳赚不赔,而北京、上海、广东三大体育频道紧随其后,其他的体育频道几乎都在"赔本赚吆喝"。

很显然,当前中国的体育媒体与中国的体育一样,所呈现的是一种虚假的繁荣。要解决中国体育媒体的根本性问题,不可能单靠纯粹的新闻学业务研究就能实现,只能依靠多学科的传播学媒介研究来寻求对策,从社会、经济、政治、文化等多元视野出发,进行综合研究。

不过,有一点是肯定的,不管是传统媒体,还是新媒体,电视体育的发展与走向深刻地影响着其他媒体的生存与发展。电视体育是媒体体育研究的核心,一方面,电视以其声画一体、如临其境的独特优势征服了受众;另一方面,大宗的商业开发(如转播权费、赞助费、广告费等)和主要的技术改造(如高清数字、现场直播等)都是围绕电视进行的。因此,我们只有高屋建瓴地研究了电视时代的媒体体育特征,才有可能找到解决中国体育传播现实困境的办法。即使是新媒体也不例外,新媒体如果缺乏视频,也就缺乏核心竞争力。而报纸体育基本是围绕电视体育转,电视所热衷的体育报道,就是报纸要竭力进行深度挖掘的对象。

五、研究媒体体育是应对经济危机的需要

历史经验表明,经济危机对第三产业中的文化娱乐产业影响不大,相反,如果措施得当,还可以化"危"为"机",因此,我们必须研究媒体体育,探索体育媒体的应对之策与创新之路。

由美国次贷危机引发的全球经济危机,至今仍没有解除。在经济危机的背景下,世界各国都在内部挖潜,应对危机,争取早日走出困境。

研究发现,从历史经验来看,经济萧条对文化产业不仅影响小,反而有带动作用。美国文化产业就是在1929年世界经济大萧条中逆市兴起,进而改变美国形象的。当时,美国采取了一系列措施,来促进美国文化产业的崛起。刘淑萍(2009)认为,20世纪30年代的经济大萧条时期,以美国为首的资本主义国家寻求重振本国经济的路子,自觉或不自觉地开始着手文化产业的框架性布局。以美国为例,从20世纪三四十年代开始,美国以自己雄厚的经济实力做后盾,谨慎地进行了三次较大动作的产业结构调整,促使文化产业发展突飞猛进。到了80年代中后期,美国全力向他国特别是发展中国家进行文化产品大倾销,仅用十几年的时间便逐步瓦解了国际文化产业原有的有形或无形的壁垒。美国文化产业异军突起,以其在GDP(国内生产总值)中占据25%的突出比重,成为仅次于军工行业的第二大支柱产业,为美国占据世界文化霸主地位奠定了坚实的基础。① 近几十年来,美国一直是无可争辩的世界第一文化产业大国。

同样,1997年的亚洲金融危机,使原本属于外向型经济、对国外市场依赖性强的日本、韩国等国家,遭受了巨大的经济动荡和经济损失,他们纷纷寻求重振经济的道路。日、韩两国相继实施"文化立国"战略,分别以动漫和电视剧作为突破口,逐渐发展成为具有重要世界影响的文化产业国家。

目前,我国的体育产业部门和媒介产业部门等都是文化产业部门,也是内部挖潜的重点产业。在万达集团董事长王健林(2015)看来,中国的体育产业跟美国和欧洲其他国家相比还有很大差距:西方国家的体育产业非常发达,美国体育产业约占GDP的3%,达4500亿美元;而中国体育产业仅占GDP的0.6%,只有480亿美元,其中大部分是体育服装、体育器械等相关产业。因此中国体育产业发展潜力极其巨大。这说明中、美体育产业间的差距很大,但也意味着我国的体育产业存在较大的上升空间。反之,如果中国的体育产业像美国一样成为国民经济的支柱产业的话,中国就有可能早一点超越美国,成为世界第一大经济体。

从历史资料来看,在经济萧条时期,人们往往会选择一些逃避现实的方式,比如男人沉迷于电视或现场的球赛,女人沉迷于儿女情长的电视连续剧,以寻求内心的安全感。研究媒体体育,从微观上可以探讨观众的体育观赏经验对夫妻、朋友、亲子之间关系的影响,以及对社会的和谐与稳定的影响;从宏观上可以探讨体育媒体在经济危机中的突围与创新之路。

---

① 刘淑萍.金融危机背景下的文化产业发展[J].群众,2009(2):72-74.

第二节 研究意义

本书充分运用新闻学、传播学、社会学、心理学、政治学等学科知识,全面采用历史阐述法、内容分析法、数理统计法、案例分析法、专家访谈法等多种方法,在勾勒新中国成立以来我国体育新闻传播实务的历史轨迹的基础上,具体分析当前我国媒体体育的基本现状及其存在的主要问题,借鉴国内外媒体体育的先进经验,提出解决我国媒体体育根本性问题的战略性对策。

一、理论意义

本书研究的理论意义有二:一是对发端于欧美学界的"媒体体育"概念,进行了独立自主的界定与全面系统的阐释,使之具有更强的学理性和可操作性,并比较了这一概念与相关概念之间的异同关系;二是勾勒出新中国成立以来我国体育新闻传播实务的历史轨迹,为研究中国媒体体育的发生、发展做好理论铺垫。

二、实际意义

本书以对策研究为主,其实际意义有三。

第一,从体育新闻传播教育角度看,本书的研究成果可以直接应用于高校体育新闻传播类专业的本科和研究生教学之中。我国现有数十家体育学院和综合性大学的相关院系开办了体育新闻专业、体育播音主持专业,但科学性、前沿性、实用性俱佳的本土体育传播学研究成果极度匮乏,希望本书能够在一定程度上对此予以丰富与补充。

第二,从体育新闻传播业界角度看,本书的研究成果可以直接应用于体育媒体的新闻采编、广告经营、商务活动、品牌推广等业务活动之中。本书突破了传统的静态的体育新闻学研究,将体育新闻报道置身于全球化视野下的动态的政治、经济、文化等媒介环境之中,将体育媒体机构、文本、受众放置于统一的时代与社会平台之上,进行科学考量。本书的公开出版,或能为数以万计的体育新闻工作者提供理论参考,亦能为体育媒体机构在媒介产业化、制播分离等深度改革方面起到借鉴作用。

第三,从体育俱乐部、体育行政部门等体育组织的角度看,本书的研究成果有助于其进一步了解体育媒体,善待媒体、善用媒体、善管媒体,科学处理体育组织与体育媒体之间的各种关系。本研究既观照了历史,又借鉴了西方先进经验,能为妥善处理体育组织与体育媒体之间的利害冲突提供新的思路。

第三节 研究现状

一、国内的研究情况

（一）总体研究情况

国内的体育新闻与体育传播研究情况大抵如下：关于体育新闻报道研究最早也最多；其次是关于体育与媒体关系的研究；再次是关于体育传播学的研究；最后是关于媒体体育（媒介体育）或体育媒体化（体育媒介化）的研究。应该说，媒体体育研究是近几年才发生的事情。

截至 2008 年春季，通过查询国内著名学术网站中国知网（http://www.cnki.net），发现与"媒介体育"词条有关的研究文献 21 篇，与"媒体体育"词条有关的研究文献 10 篇，与"体育媒体化"词条有关的研究文献 4 篇，与"体育媒介化"词条有关的研究文献 1 篇。经过阅读分析，在这 36 篇文献中，实际只有一半的文章真正与媒体体育（媒介体育）研究相关，它们一般以拟态环境以及传播学、社会学的相关原理作为理论根据，研究媒体体育（媒介体育）的性质、特征以及对受众的影响。

（二）主要研究内容

郭晴、郝勤《媒介体育：现代社会体育的拟态图景》一文，是国内最早研究媒介体育的论文，是中国媒介体育研究的开山之作。该文认为，在文化工业时代，媒介通过对体育信息的选择、加工、反映和重构，产生了一种以体育为原始文本，但在形式和本质上又截然不同于体育的新的文化形态——媒介体育。媒介体育的形成，不仅标志着现代科技和文化工业对体育的深度介入，也更意味着大众思维范式的转换和生活方式的改变。该文认为，媒介体育是大众认知体育现象和体育事件的中介，是大众媒介以体育为传播内容，以图像、音响、文字、色彩等系统符号为形式，囊括了与体育相关的所有新闻类、专题类、访谈类、娱乐类节目或报道的媒介文化形态。

该文以传播学经典理论为框架，探讨了现代社会体育与媒介相结合的产物——媒介体育的内涵、产生背景，并援引符号学和批判学派的观点，对媒介体育的生产及本质进行了梳理与解读。结果认为，媒介体育是体育信息的媒介文化形态，传播工具与媒介技术的进步为体育大众传播时代的到来提供了必要条件，体育新闻传播的制度化宣告体育大众传播时代的到来，受众对大众媒介的依赖促使媒介体育的生成；在文化工业时代背景下，媒介借助符号，通过营造话题、制造明星等手段,解构了现实的体育,建构了一个拟态的体育世界。媒介体育表现出真实性与超真实性、历史性与去历史性、商业性、跨文化性、情感性及娱乐性等特征。

刘红霞在《媒介体育中国家认同的再现和建构》一文中认为,媒介体育,即指媒介化了的体育。体育媒介化,是指媒介将挑选过的体育形象和信息再现给读者、听众和观众的过程。简而言之,媒介体育是指通过媒介传播给读者、听众和观众的体育形象和信息。它所呈现的体育现实是"媒介现实",而不是"客观现实"。客观现实是指我们生活于其中的现实世界,媒介现实指媒介所呈现出的事件情景。我们所读、所听和所看的体育形象和信息,往往是经过媒介"再现"和"建构"过的。在笔者看来,这一思想并非作者首创,而是从美国学者杰·科克利《体育社会学——议题与争议》一书中借用与延伸出来的。

李亚琴在《消费文化批判视野下的媒介体育》一文中提出,现代社会的巨大化和复杂化,使得人们不可能再仅凭感官来获得外部世界的信息,于是媒介成了人们获取信息的主要方式。正是因为这样,媒介制造的关于现实体育的拟态环境——"媒介体育"便成为了人们认识现实体育的主要来源。在文化工业下,媒介体育的生产就如流水线上的产品一样,有着一整套模式化的生产手段,包括信息轰炸、营造话题以及塑造明星。在媒介体育的这些生产手段背后,隐藏的是媒介对当代消费文化的体验和实践。消费文化,作为当代消费社会的润滑剂,以不断创造和刺激大众的需求为最大特点,媒介体育的生产过程也恰恰是一个利用符号、影像建构虚拟现实的过程。现代媒介构建的超真实的、商业性的、去历史性的媒介体育,不仅影响了大众对体育现实的建构,也异化了体育精神,屏蔽了体育文化的直接交流。在大众传媒的视觉文化的作用下,体育由"操练"变化为"观看",导致了在当代大众的体育生活中出现了"羸弱的体育爱好者"的现象。媒介体育所带来的这些社会负效应提示我们应该努力开放信息渠道、正确引导媒体,对北京奥运会进行真实、有效的传播,减少媒体对奥运拟态现实的构建。体育信息,作为媒介提供给大众的媒介现实的一部分,是媒介通过对现实世界体育信息的选择、加工、反映和重构,以图像、音响、文字、色彩等系统符号为形式构建而成的基于现实体育世界基础之上的拟态环境,或者说是体育的媒介文化形态——即"媒介体育"。该文将媒介体育定义为"媒介制造的关于现实体育的拟态环境",认为"媒介体育,不是指媒介提供某种具体的新闻报道,它指的是从现实体育里选择出来,并在此基础上进行加工,最后呈现出来的体育文化形态"。这一定义实际上是《媒介体育:现代社会体育的拟态图景》一文中相关定义的翻版。

不过,《消费文化批判视野下的媒介体育》强调了媒介体育与我们通常所说的体育新闻是两个有着本质区别的概念。体育新闻是媒介对新近发生的、正在发生的或即将发生的体育事件的报道,作为一个新闻门类,它是伴随着体育运动和人类语言的出现而产生的。

李彦芳在《媒介体育影响下的中国当代女子体育文化》一文中认为,在媒介体育的社会地位不断上升的今天,深受传媒影响并为传媒创造了丰厚的眼球经济收入的体育运动,在与传媒的传播、融合过程中,加快了发展的步伐,同时也受到传媒的控制。在此背景下的女子体育文化,出现了受传媒操纵、与身体文化混同等现象。媒介体育在推动女子体育被更多的人认知的同时,也给女子体育带来了一些负面影响。

马希敏在《媒介文本中的"拟态"体育世界》一文中认为,现代体育与发达的大众传媒携手,形成了丰富的信息空间。但媒体展示给我们的"现实"只是相对真实,它往往是经过媒体控制者"编辑"和"再现"过的。它可能非常接近现实环境,但不是对现实环境的完全"拷贝"或"复写",是有别于真实体育世界的"拟态"体育世界。

王庆军在《被改写的体育:当下体育媒体化现象透析》、《体育媒体化:当下媒体与体育的现实关系形态解析》等文章中认为,所谓"体育媒体化",是指将体育现象及信息等内容制作为媒体体育作品,如体育消息、体育评论、体育专题、广播或电视体育竞赛现场直播或实况转播、广播或电视体育杂志栏目、体育纪录片以及体育广告等,从而再现给大众的过程。简而言之,把体育的部分形象及信息内容转化为媒体文本的过程,即体育媒体化。

二、国外的研究情况

(一)媒体体育研究的代表作

在20世纪70年代,国外学术界有人分别研究体育和媒体,但是无人研究媒体体育。有关媒体体育的研究,最早发端于两个领域:传播学下的媒体研究和体育社会学研究。来自两个不同学术文化领域的影响和压力,可能妨碍了对于媒体研究中体育的探索和体育研究中媒体的探究。传播学是由其他学科衍生而来的,其早期重在政治宣传效果(调查模式)研究。时人认为体育是一个娱乐产业,是轻浮而次要的,认为政治、暴力、儿童问题才属于更加严肃的话题。传统上,体育社会学研究要次于体育教育研究和社会学研究。长期以来,在美国大学的社会学系,体育课程不被严肃的社会学家所看重。即使开体育社会学,也只牵涉体育政治或经济,较少涉及体育媒体。

但是,进入20世纪80年代后,因英式足球和美式橄榄球方兴未艾,在欧美地区出现了媒体与体育相互关系的先锋研究。1984年洛杉矶奥运会是一个转折点,它改变了人们对于奥运会、体育的根本看法。美国学者开始将传播学下的媒体研究和体育社会学研究结合起来,于是就产生了一个新的研究领域——媒体体育研究领域。

国外对于"媒体体育"这一概念的研究,据考证最早出现在1998年。美国学者 Lawrence A. Wenner 在其主编的《媒体体育》一书中,对媒体体育进行了较为系统的描述,该书选编了近二十位美国顶尖新闻研究人员对于媒体体育的解读论文。

澳大利亚国际学者、社会学家、曾广泛游历英美等国的 David Rowe(大卫·罗维)1999 年主编了 Critical Readings:Sport, Culture, and the Media(《批判性读本:体育、文化和媒体》,暂无中译本)一书,该书以 MediaSport 为基础,由媒体体育的构造与媒体体育文本的改变两部分构成,分别论述了媒体体育的生产以及生产的内容,强调了体育想象以及文化的力量在体育栏目上所造成的影响。

以上两部著作,堪称媒体体育研究的代表作,被全世界研究媒体体育的学者所广泛运用。

此外,笔者发现,一些人文社会科学研究著作也分设专章来研究媒介(媒体、传媒)体育。比如,在美国学者杰·科克利出版的《体育社会学——议题与争议》一书中,其第十二章"体育与媒体:谁能离得开谁"专门讨论体育与媒体的关系。研究共分为四个部分:第一,当今社会的媒体有什么特点?第二,体育与媒体如何互相结合(双向关系)?第三,北美的体育媒体报道强调什么样的形象和信息(即媒体体育中的形象与信息)?第四,在印刷和广播媒体中,体育新闻职业有什么特征?这本书在 2003 年作为体育产业 MBA 经典译丛中的一部,由清华大学出版社出版,此套丛书还包括《体育经济学》、《体育管理学》、《运动心理学》、《体育传播学》、《体育运动管理》、《体育财务管理》、《体育组织管理》等著作。

又如,在英国学者詹姆斯·库兰和美国学者米切尔·古尔维奇合编的《大众媒介与社会》一书中,其第十七章收录了英国纽卡斯尔大学社会科学系教授 David Rowe(大卫·罗维)撰写的《没有收入,就没有比赛?——传媒与体育》,该文专门探讨传媒与体育融合形成传媒体育(该书采用的是 Media Sport 的拼写方法,与 MediaSport 略有不同),两者完全整合所产生的诱惑力与危险性。

(二)主要研究内容

在《媒体体育》一书的序言中,Lawrence A. Wenner 认为,体育与传播的文化融合造就了一种新的产物,即媒体体育。该书将媒体体育研究理解为来源于机构、文本和受众的相互作用。全书分为四个部分,即媒体体育的运动场、媒体体育的机构、媒体体育的文本、媒体体育的受众,作者对媒体体育的营销、市场化以及全球化,对媒体体育三个构成部分中的爱国主义、种族主义以及性别因素等做出了阐述。此书可谓西方媒体体育研究的奠基之作,为后来的各种关于媒体体育的研究奠定了理论基础。

在杰·科克利《体育社会学——议题与争议》一书中,作者没有直接论述什么是媒体体育,而是在论述媒体体育中的形象与信息时,谈到体育的媒体化,认为体育"媒体化"是指媒体将经过挑选的形象或信息"再现"给读者、听众和观众。作者认为,媒体正如它们只是"'再现'所谓经过选择的现实"那样并不反映现实。这些选择过的"再现"建立在总体社会的权利关系基础之上。这意味着包含在媒体中的印象和信息,可能代表社会中占支配地位的观念和思想意识,并且提升从那些观念和思想意识中获益最多的人的兴趣。

詹姆斯·库兰的《大众媒介与社会》一书中,大卫·罗维认为,传媒——体育是一个综合体,可以称之为"传媒体育文化复合体","传媒体育文化复合体是各种身份得以阐述和表达的自由载体"。他进一步指出,"传媒和体育之间的关系如此紧密而持久,或许真有必要创造出某些新词汇来描述这全新的现象,如 spodia 或者 medort(或者用法语的构词方式创造出 mort 这样一个浪漫的词语)"。

在《批判性读本:体育、文化和媒体》一书中,大卫·罗维认为,"传媒体育文化复合体"包含了所有的媒介和体育组织、流程、人员、服务、产品以及文本,并将其结合起来,建立了广泛的并且在一定领域相当有活力的当代体育文化。

三、文献分析发现

通过文献分析,笔者有以下几点发现。

第一,国外媒体体育研究主要由美国、英国、澳大利亚等国的学者率先发起,迄今已有十几年的历史,取得了一批成果,但也留下了一些悬而未决的问题,其中最主要的是关于"媒体体育"的定义问题。迄今为止,还没有出现一个具有共识和可操作性的定义。

从目前能看到的三个有代表性的说法来看,Lawrence A. Wenner 的"体育与传播的文化融合"显得十分抽象,杰·科克利的"媒体将经过挑选的形象或信息'再现'给读者、听众和观众"与体育新闻报道的区别似乎不大,大卫·罗维的"传媒体育文化复合体"更多指的是体育媒体与体育组织的融合。我们迫切需要一个学理性强而又能被普遍认同的统一概念。

第二,国内的媒体体育研究来源于国外的相关研究。由于"媒体体育"本身是一个舶来品,国外尚无明确而统一的界定,国内学者在引用与发挥的时候,自然是囫囵吞枣,语焉不详。国内学者的定义,基本照搬国外的定义,然后加上自己一知半解的发挥。媒体体育究竟是什么?是中介,是文化,是文化形态,还是传播方式? 没有人能说得清。体育怎么媒体化,媒体体育与体育媒体、体育新闻报道的关系如何,没有人能够说得明白。

第三,国外的研究高度认同媒体体育的发展与宏观的社会政治、经济、文化环境相关。国内的研究认为媒体体育的由来与拟态环境有关,这一点非常具有创见。国内研究还认为媒体体育是消费时代的产物,但是很少有人研究电视的流行对媒体体育的影响。

第四,国外的媒体体育研究还有待进一步深化,而国内的媒体体育研究才刚刚开始。

第四节 相关概念及其阐释

一、体育

(一) 国内常见的体育定义

体育作为一种社会文化现象可以追溯到原始社会,但体育作为一个概念出现,则经历了一个漫长的认识过程。据记载,"体育"一词最早出现在18世纪的法国。一般认为,"体育"一词是继"体操"一词之后,大约在19世纪末与20世纪初从日语转译至中国的。

在我国,体育概念随着经济社会的发展而变化,其自身经历了复杂的演变过程,但至今尚未形成一个权威的定义。下面列举的是20世纪80年代以来,国内学术界出现的具有代表性的体育概念。

体育院校通用教材《体育概论》认为,体育的基本概念不是一个术语问题,而是由一系列术语组成的一个术语体系。广义的体育(亦称体育运动)是指以身体练习为基本手段,以增强体质,促进人的全面发展,丰富社会文化生活和促进精神文明为目的的一种有意识、有组织的社会活动。它是社会文化的一部分,其发展受一定社会的政治和经济的制约,也为一定社会的政治、经济服务。它下辖狭义的体育(身体教育)、竞技运动、身体锻炼和身体娱乐,从而形成了一个有层次的概念体系。[1]

鲍冠文(1995)认为:体育是以身体活动为媒介,以谋求个体身心健康、全面发展为直接目的,并以培养完善的社会公民为终极目标的一种社会文化现象或教育过程。[2]

---

[1] 赵立.体育概论[M].北京:人民体育出版社,2005:12-18.
[2] 鲍冠文.体育概论[M].北京:高等教育出版社,1995.

鲍明晓(1998)的说法与体育学院通用教材的观点基本类似：体育是指以身体练习为基本形式和手段，以促进人的身心健康、全面发展，推动社会文明进步为目的的一种社会活动。它是社会大文化的有机组成部分，其发展受一定社会的政治和经济的制约，也为一定社会的政治、经济服务。[①]

梁晓龙(2003)认为：体育是指人类通过专门设计的身体运动和游戏，来达到增强体质、提高竞技水平和丰富社会文化生活的目的的一种独特的社会文化现象。[②]

不过，学术界对于体育是一种教育过程或者社会文化活动的说法，逐步取得共识，并认为体育具有健身、健心、益群三大功能。

(二) 体育分类之争

1995年10月1日，我国正式施行《中华人民共和国体育法》。该法结合当今体育运动发展趋势和我国体育事业的实际，对当时我国的体育事业组成部分进行法律界定，将我国的当代体育分为社会体育、学校体育和竞技体育三大组成部分，但并未对每一部分作定义性的解释。这就为后来学界的多元读解、无休争论埋下了伏笔。

多年来，关于体育的分类，比较有代表性的说法有"二分法"（健身体育与竞技体育，见图1-1)、"三分法"（社会体育、学校体育与竞技体育）和"四分法"（社会体育、学校体育、竞技体育与军队体育）三种。

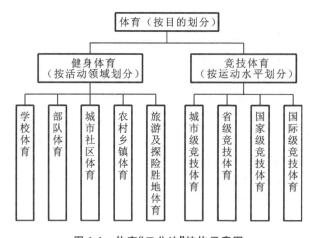

图1-1 体育"二分法"结构示意图

---

① 鲍明晓.体育概论新修[M].北京：首都师范大学出版社,1998:10-11.
② 梁晓龙.当代中国体育若干基本理论问题[M].北京：人民体育出版社,2003:3.

(三) 体育事业的分类

在我国，围绕体育的分类进行争鸣，仿佛多为学术界的事情。但在政界，体育行政部门提得最多的，不是体育，而是体育事业。各级各类体育事业主要分为群众体育、竞技体育、体育产业、体育管理等类别，这些分类既是体育行政部门的工作目标，也是体育官员的口头禅。

(四) 体育分类的缺陷

国内学者习惯于以"类"来划分体育，而很少以"层"来划分体育。研究表明，单纯从"类"上划分体育，很难穷尽体育的类别，也不容易将体育的本质特点描述清楚。

原因在于以下四点。第一，根据任何一种体育分类方法，在不同类别的体育之间，我们过分夸大了它们的差别，却忽视了它们的内在联系。第二，游戏、娱乐与拼搏是体育的精髓，应该在任何类别的体育中一以贯之，所不同的只是各自所占的比重不一。现有的体育分类，基本上是从体育管理者的角度提出来的，主要是为了分类规划与指导而提出来，政治与行政味道很浓。第三，现有的分类固然考虑了不同形式体育运动的主体，但并未确立大众（受众）的核心主体地位。而在体育分类背景下，大众（受众）严重缺席。第四，由于受政治、经济与社会发展的影响，国内学界和政界对于体育的分类经常处于变动之中。

(五) 体育分层研究的提出

现实的困境迫使我们必须换一个角度思考问题，如果我们采取分层研究，也许不难发现，原来不同类别的体育可以从低到高连接起来，即根据价值取向将"体育"划分成 play→game→sports→sport 这样一组概念序列，展现出四种基本形态，并体现出不同但又相互关联的价值属性来。我们可以用列表的方式，勾勒出作为 play →game →sports →sport 四种形态的体育之间的关系（见图 1-2）。

体育由浅入深的四种层次	分属社会系统	公众价值取向
play（玩耍、娱乐）	教育系统 （群众性娱乐健身体育）	"玩"的体育
game（游戏）		
sports（职业联赛）	文化系统 （精英性职业竞技体育）	"看"的体育
sport（世界杯、奥运会等体育节庆）		

图 1-2　体育分层形态关系图

如图 1-2 所示，从系统论的观点来看，体育的四种形态分属两个不同的社会系统。"如果我们将社会看作一个大系统,那么,教育、文化、卫生……作为下位系统,显然以增强人们体质为目的的体育和竞技运动分属教育和文化两个不同的系统。"① 如此说来,作为 play 的"玩耍"与作为 game 的"游戏"属于教育系统,是体育教育和健身运动,追求身心协调发展。而作为 sports 的"职业联赛"和作为 sport 的"世界杯"、"奥运会"属于文化系统,它是职业运动员和尖子选手参加的竞技运动,并由此引发观众的狂热观赏而形成了日益升温的体育文化热点。竞技体育为了个人、集团、民族和国家的荣誉与利益,为了给观众提供更精彩的赛事,当然,也为了丰厚的酬金,职业运动员和国家队队员(一般为职业运动员)不惜突破生理极限甚至伤害身体来赢得观众的喝彩。

不管是属于教育范畴的体育,还是属于文化范畴的体育,都应遵循精诚合作和公平竞争(fair play)的原则,以此维持和增进个人健康,丰富社会交往,培养公正精神,为公众提供有益消遣,帮助都市人克服现代生活所带来的诸种弊病。

简而言之,体育由浅入深可分为四种层次,不同层次呈现出不同的形态,它们分属两大社会系统。在这四种形态中,前两者属于教育学范畴,追求身心和谐,对于公众来说,它们属于"玩"的体育;后两者属于文化学范畴,运动者身心分离,以突破身体极限,造成伤病,来换取成绩的最大化,对于公众来说,它们属于"看"的体育。

(六)美国学者的观点

美国体育社会学家杰·科克利在其《体育社会学——议题与争议》一书中提出:运动(即体育)是制度化的竞技活动,它包括个体体能活力的发挥或者相对复杂的身体技巧的运用,个体参与运动受个体自身的愉悦和外部回报两方面因素的激励。如果我们调整一下句序,变通一下表达而不改变原意,似乎可以这样给"体育"下一个定义:体育是为了内部和外部的报偿而进行的制度化的竞技性身体活动。

美国体育社会学家罗纳德·B.伍兹认为,在北美,体育一般被定义为有组织的竞技性活动,运用身体技能和特殊设施或器材,并且按照一系列确定的规则决定胜负。在伍兹看来,体育运动其实就是一种金字塔,由浅入深、由宽到窄分为四个层次:玩耍,游戏,由业余体育和参与组成的体育,由职业体育和高水平竞技组成的工作(见图1-3)。

根据伍兹的理解,真正的体育是属于大众的,而从事职业体育或专业体育的人,更多是在做一种工作,缺少大众在体育活动中所能体验到的那种乐趣。

---

① 张宏成.论健身体育与竞技运动的关系[J].体育与科学,1997(6):52-54.

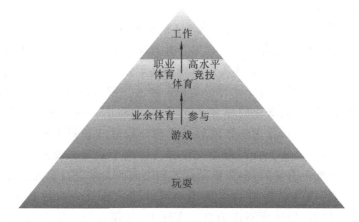

图 1-3 体育运动金字塔

美国体育社会学家阿伦·古特曼(1978)认为,体育是一种游戏性的身体竞赛。为了论证这一定义,古特曼建立了一个区分游戏、有组织游戏、竞赛和体育的初级模型(见图 1-4)。

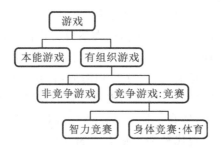

图 1-4 游戏、有组织游戏、竞赛、体育

在古特曼看来,人与动物都以游戏的方式存在着。而游戏又分为本能游戏和有组织的游戏。所谓本能游戏,就是自由自在地玩耍,是人与动物共有的本能活动,只注重过程,不注重结果;有组织的游戏是一种有组织的娱乐性比赛,它必须遵守相对复杂的规则,这些规则的设定通常是遵循"最不省力"原则;有组织的游戏又可分为非竞争游戏和竞争游戏,非竞争游戏没有一个你输我赢的结果。如日本蹴鞠就是这样,没有赢家也没有输家,追求的是球不落地。而竞争游戏就是竞赛,竞赛又可以分为智力竞赛和身体竞赛。智力竞赛如棋牌、麻将等,都不能算作体育,只有身体竞赛才能称为体育。

从以上三位美国体育社会学家的共同点来看,所谓体育,就是有组织、制度化、游戏性的身体竞赛。这与中国学者把体育当作社会活动和文化现象相比,西方体育的内涵指向性更集中——参与者的身体,外延范围更明确——游戏性的比赛。从这个意义上说,中国人的体育更像是哲学体育,而西方人的体

育才是真正的物理体育。

在美国,体育可以分为纯商业体育(职业体育)、业余商业体育(创收性精英体育)、纯业余体育三种形式。如果合并起来,也可理解为两种形式:商业体育与业余体育。在谈到未来主要的体育运动形式时,杰·科克利认为,未来体育运动主要分为力量表演型体育运动和乐趣参与型体育运动。力量表演型体育运动是最常见、最大众化的体育运动形式,这些运动强调使用力量、速度和超越人类极限的潜力,攻击性地战胜对手以夺取胜利和冠军称号。它们似乎是当今的主流,这是基于它们最受关注和支持这个意义来说的。而乐趣参与型体育运动可能也有竞争,但主要强调人们之间的关系以及个人表现。

这一观点,与笔者提出的体育运动可以简单地分为两种基本类型——"玩"的体育和"看"的体育不谋而合。实际上,乐趣参与型体育就是"玩"的体育,而力量表演型体育就是"看"的体育。

二、体育传播

一般认为,体育传播是体育传播学的核心概念。体育传播学是现代体育与大众传播相结合而产生的一门新兴学科,是研究、探索体育信息传递过程及其运行规律的科学。而体育传播是指人类体育文化信息传递的行为或体育文化信息系统的运行过程,它包括人内、人际、群体、组织和大众传播媒介在某个社会展开的体育文化信息的交流、互动和沟通,旨在与他人建立共同的意识,使其能够相互沟通、理解和交流,从而推动体育的发展和社会进步。

邓星华(2005)认为,体育传播是指以体育为对象,通过一定的媒体进行传递的过程。体育传播与现代社会发展有着密切的关系,这是伴随现代化所进行的工业化和城市化带来的必然结果。而这一结果促使现代社会为体育传播提供了社会组织等基本条件,同时提供了现代传媒技术和适合现代体育传播的受众群体。

大众文化兴起是现代社会文化发展的一大特征,而现代体育表现出大众文化的特点。视觉文化是大众文化的重要表现形式,而在视觉文化的发展过程中,现代体育与大众传媒技术的结合,催生了体育传播产业。

现代社会的体育传播伴随着传媒技术的发展而发展,其特点主要反映在大众传播过程中。大众传播条件下,体育与媒体表现出狂欢化的特点,把竞技运动的商业化推向极致,而大众体育遭到了冷落。体育传播的商业化运作在为现代体育比赛带来巨额的经济收益的同时,进一步强化了市场经济以竞争为核心的基本法则,以物质满足为基本价值取向,对体育精神和人文关怀有一定的冲击和破坏作用。

全球化是当代世界体育的发展趋势。体育全球化与现代化互相促进,但在全球化进程中,体育传播的发展是不平衡的,不仅表现在传媒技术与手段的不均衡上,同时表现在由于经济及媒体发展的不平衡所带来的在体育领域传播的不平衡上。这种体育传播格局将给非西方强势体育形成巨大压力,其结果是必将加剧世界体育的趋同。

西方体育在中国的传播是中国体育传播的基础。随着传播媒介的变革与国际交流活动的增加,在体育传播全球化进程中,中国体育传媒将面临西方国家经济、文化、价值观念及体制方面的多重严峻挑战,随之也带来了良好的发展机遇。为此,中国体育应通过体育传播积极融入全球化大潮,在改革创新的前提下,保留自己的"话语"体系。[1]

三、体育新闻传播

体育新闻传播是体育传播的一个有机组成部分,它属于传播学的范畴。李强(1999)认为,体育新闻传播是对具有新闻性质的体育事件的传播。[2]

四、体育新闻报道

一般认为,体育新闻报道与体育报道、体育新闻是同义词,它们属于新闻学的范畴。

也许是因为约定俗成的缘故,在美国,布鲁斯·加里森和马克·塞伯加克的《体育新闻报道》与史蒂夫·威尔斯坦的《美联社体育新闻报道手册》都没有给"体育新闻报道"下一个确切的定义。不过,在中国,鲁威人(2005)认为,新闻是对新近或正在发生的事实的报道。那么,套用这一定义,体育新闻就是:对新近或正在发生的体育事实的报道。[3]

下面是关于"体育报道"和"体育新闻"的代表性说法。

邱沛篁等(1998)认为,体育报道是指关于专业和业余的体育比赛、体育活动、运动员生活及训练、体育明星、体育科研、体育建设方面的新闻报道。[4]

郝勤(1998)认为,体育新闻就是体育这一人类特殊文化形态所包含的新闻价值的发现过程及实现过程。[5]

阎景翰等(1990)认为,体育新闻是以体育比赛及其他体育界情况为题材的一种新闻,又称"体育报道"。与体育活动的特点相联系,这类新闻有较强的竞争性、群众性、时间性和国际性,既能鼓舞士气、振奋精神,又可供消遣娱乐,

---

[1] 邓星华.现代体育传播研究[J].体育科学,2005(10):23-31.
[2] 李强.体育新闻传播的文化价值探析[J].现代传播,1999(1):49-53.
[3] 鲁威人.体育新闻报道[M].北京:中国传媒大学出版社,2005:48.
[4] 邱沛篁,吴信训,向纯武,等.新闻传播百科全书[M].成都:四川人民出版社,1998.
[5] 郝勤.论体育新闻价值与价值实现[J].成都体育学院学报,1998(1):85-88.

给人以心理上的享受。①

五、媒体体育

(一) 媒体体育的定义

由于英译汉的多义性,"media"一词有媒体、媒介、传媒、大众媒体等多种对等中文意思,虽然这几个中文词汇本身还有细微区别,但是,在实际交流中和在一定的语境下,它们基本可以通用。因此,MediaSport 有媒体体育、媒介体育、传媒体育、大众媒体体育等诸多译法。2009 年 9 月 8 日至 10 日,由新华社与 8 家世界著名媒体机构共同发起的世界媒体峰会在北京召开,该峰会吸引了全球 70 个国家和地区的 130 多家主流媒体和机构以及境内 40 多家媒体的负责人,这是世界媒体发展史上尚无先例的聚会。这次峰会的英文名称为 World Media Summit,这表明"media"一词的中文官方翻译是"媒体"。

本书给"媒体体育"所下的定义是:媒体体育是体育新闻传播发展到成熟阶段的产物,是体育在媒体文化和消费社会交互背景下的多元化传播方式,由浅入深呈现出媒体建构体育、媒体介入体育、媒体控制体育三种传播模式。

(二) 媒体体育的内涵分析

1. 媒体体育是体育新闻传播发展到成熟阶段的产物

肖焕禹(2003)认为,国外体育新闻传播共分为四个阶段:第一阶段,古代奥林匹克运动会召开至 19 世纪上半期的诞生阶段;第二阶段,19 世纪下半期至 20 世纪初的初步发展阶段;第三阶段,20 世纪初至 20 世纪中叶的黄金时代;第四阶段,20 世纪下半期至今的成熟阶段。②

第一阶段体育新闻传播特征有三:一是体育新闻传播完成了从人际传播向媒体传播的转变,由纯粹的身体传播扩展出学术传播,兼有学校传播;二是随着市民体育的发展,衍生出大众化报纸的大篇幅体育报道;三是体育新闻传播以文字出版的形式为主。

第二阶段体育新闻传播特征有四:一是体育新闻传播开始区别于其他的新闻品种,成为一种新兴的新闻类别;二是体育报道内容以足球、赛马、棒球等传统体育项目为主;三是以宣传体育赛事为目的的体育广告开始出现在报纸上;四是出现了无线电报传送体育信息。

第三阶段体育新闻传播特征有三:一是体育新闻传播由传统的印刷媒体

---

① 阎景翰,刘路,张国俊.写作艺术大辞典[M].西安:陕西人民出版社,1990.
② 肖焕禹.上海体育学院精品课程《体育传播学》教案[EB/OL]. www.wendang365.cn/view/274246,2009-07-31.

拓展出广播之"有声媒体"和电视之"声色媒体";二是体育报道力度和深度普遍加强,体育媒体力量增强;三是报道对象由传统项目扩大到新兴的竞技项目和职业运动。

第四阶段体育新闻传播特点有三:一是广播体育新闻实现数字化;二是电视体育新闻多元化(如有线体育频道、卫星体育通信、数字互动体育频道、网络体育频道、手机与车载移动电视等);三是体育报道与体育赛事有了结合体——赛事转播权,开始介入新兴的朝阳产业——体育产业。

研究发现,真正大众传媒意义上的体育新闻传播是近代体育和新闻事业发展的共同产物,体育新闻传播的发展体现了相应历史阶段的人类社会生产力的发展水平。上述每个阶段的体育新闻传播都有不同的特征:在诞生阶段,体育新闻传播完成了从人际传播向正规媒体传播的转变;在发展阶段,体育新闻传播开始区别于其他新闻品种,成为独立的新闻类别;在黄金时代,广播体育新闻和电视体育新闻诞生;在成熟阶段,电视体育新闻多元化,赛事转播权介入了体育产业。而正是赛事转播权的出现,直接催生了媒体体育。在没有赛事转播权的年代,体育新闻传播实际上是以单一的体育新闻报道为主,体育新闻报道是对体育活动或赛事的一种反映。而在媒体体育时代,媒体对于赛事不仅仅是一种报道,它还能通过议程设置、购买股权、选择转播场次等多种手段,建构体育、介入体育活动并控制体育赛事。

2. 体育在媒体文化和消费社会交互背景下的多元化传播方式

首先,我们看看媒体文化与消费社会的交互关系。

今天的社会是一种典型的媒体社会,大众媒体的缺席会导致整个社会生活的瘫痪。但今天的社会,也是一种典型的消费社会,消费文化构成了社会生活的主轴。大众媒体引导大众消费,而大众消费充斥着大众媒体,人们的消费需求和媒体文化奇妙地合而为一,相互促进,结成牢固的联盟。

蒋原伦是国内最系统地研究媒体文化与消费社会关系的学者,《媒体文化与消费时代》是其代表作之一。蒋原伦(2004)认为,媒体文化是现代媒体先进的传播功能与社会流行的趣味结合的产物。媒体文化概念的提出,是强调文化的媒体呈现方式,强调媒体的存在与发展对社会文化的产生与发展所给予的巨大影响。媒体文化的生长条件是由大众媒体传播功能和社会流行趣味共同建构的。[①]

消费社会是一种特殊的社会类型,它颠倒了以生产为中心的社会结构,将消费和消费行为置于主导地位之上,这里的消费不是指个人的随意消费行为,而是指"一种主动的集体行为",是与社会的价值体系及社会控制功能相联系

---

① 蒋原伦. 媒体文化与消费时代[M]. 北京:中央编译出版社,2004:42.

的一整套制度和道德。在消费社会中,消费文化是消费社会的润滑剂、催化剂,是为消费行为寻找意义和依据的文化,是刺激消费欲望或制造消费欲望的文化,消费文化诱导大众消费,引领大众消费。

从某种意义上说,消费文化与媒体文化概念可以互换。消费社会是媒体文化赖以产生的氛围,也是它的必要社会条件。媒体文化可以看成是消费社会大众的文化选择。媒体文化是消费社会的唯一动员者和组织者,是媒体文化而不是其他的社会构件承担着购物指南的功能。媒体文化在某种意义上是消费文化的同义词。文化作为产品,其生产和销售已经被纳入市场交换的轨道,文化产品就是消费品。体育作为一种大众文化,其传播也离不开媒体文化与消费社会这个大的交互背景。

其次,我们分析一下媒体文化与消费社会交互背景下的体育传播特点。

从媒体文化角度看,大众文化、消费文化在传播过程中呈现出一种开放性的体系,这种开放性决定了媒体文化的易变性和趋时性。媒体文化所宣扬的价值观并不等于人们日常生活的价值观。蒋原伦(2004)认为,日常生活的价值观与社会道德相关,有一定的稳定性。而媒体文化中的价值观,则偏向于时尚,与时俱进,但也容易时过境迁。① 媒体大众文化是在市场经济、先进的传播技术和社会心理、社会时尚的交互作用下形成的,它作为一个开放系统,以当下的热门话题为主,一个个展开,没有固定的运行规律。

从消费社会角度看,消费社会的逻辑是人们生产和驾驭社会符号的逻辑,而不是那种把财富和服务的实用价值占为己有的逻辑。② 大众媒体注重传播消费主义意识形态,以此增强受众的消费意识。消费主义意识形态可以理解为:商品作为符号,能够表现消费者的个性、特征、地位和修养,并据此构成社会分类原则。它抛弃传统价值与社会分类秩序,代之以一个临时应变的表征系统。在此系统下,市场、购买和广告已经成为通用语言或我们这个社会相互交流与对话的符码。消费已成为文化意识形态,消费不仅改变了人们的日常生活,而且改变了人们的社会关系和生活方式,人们以不同方式与媒体交流,却懒得与周围的人交流。在物质财富越来越丰富的时代,人却丧失自主性,成为物化的人、单向度的人。

我们注意到,在消费社会,体育具有如下特征:第一,体育在消费社会作为一种符号,具有商品的特征和可消费性;第二,在消费社会,体育所承载的精神价值和文化意义被商业所利用,体育逐渐脱离了其本源意义,在与商业结合的过程中被塑造为商业价值的有效载体;第三,由于媒体体育的出现和扩张,导

---

① 蒋原伦.媒体文化与消费时代[M].北京:中央编译出版社,2004:42.
② 鲍德里亚.消费社会[M].刘成富,全志钢,译.南京:南京大学出版社,2000:24.

致现实中的体育参与呈现出下降的趋势。

在上述背景下,体育传播在内容上越来越呈现出娱乐化、媚俗化、品牌化、英雄化等趋势。在形式方面,无论是平面媒体还是电子媒体,体育传播都凸显出视觉文化特征。因为观看,既是一种文化行为,也是一种消费行为,而视觉消费主要建立在视觉成像的基础上。所谓视觉文化,就是指以电子媒介为载体、以图像或形象为信息传递方式的影像文化。纷繁而又变化多端的图景构成了我们的视觉对象范围。与文字的抽象性不同,视觉文化具有直观性、生动性的特点,它乃是现代社会或消费社会的产物,它通过工业大生产和多元化的媒介生产,使其品格和特征不仅对当代社会生活产生了巨大的冲击,而且也对当代体育及其传播进行了重构和重塑。[①] 大众媒体强调受众的悦读、悦视、悦听,具体做法有:用轻松的文体或方式,来消解严肃的新闻播报或报道,如"说新闻"、体育评书等;用煽情、形象、感性的语言来传递信息,表达观点,无论是报纸还是电视,新闻的标题越来越拟人化和有亲近感;用短信、电话、真人秀等方式来建立互动平台,等等。

我们应该看到,在消费主义的语境下,那些视觉化程度不太高、表演性和观赏性不太强的体育项目正在被媒体冷落和疏远,体育及其传播,便在视觉化层面上日渐两极化。这就跟萨马兰奇的判断一样,不适合于电视转播的体育将得不到传播与发展。

再次,我们看看电视是如何成为媒体体育的主要载体的。

电视可谓是 20 世纪最伟大的发明之一,也是大众媒体的最主要代表。电视与体育相辅相成,没有电视的报道,体育便不可能普及生活的每一个角落。同样,没有精彩激烈的各种赛事,电视节目会淡薄很多。加利福尼亚州立大学媒体专家雪莉·贝基(1992)说,此前 30 年,电视广泛流行的一个最主要因素就是体育。的确,在电视出现以后,体育本身所具有的表演性、观赏性乃至游戏性都得到了前所未有的呈现和表现。[②] 电视与奥运会、世界杯赛等大型体育赛事有不解之缘,它们之间的关系是一种战略伙伴关系。

以奥运会为例,1936 年,电视作为大众传播媒介,尝试报道了德国柏林奥运会,当时只有 3 部摄影机,电视信号覆盖范围半径仅有 15 公里,大概只有 16 万名电视观众。到了 1956 年墨尔本奥运会期间,人们也只能从电视上收看 3 分钟的奥运新闻。1964 年,在日本东京奥运会上,全球观众通过美国卫星"辛巴姆"观看奥运会现场直播,先后有近 5 亿名观众收看了奥运会赛事直播。卫星电视真正使看台得以延伸,使奥运会的影响呈几何级数扩大。到了 1984 年

---

① 杜林.略论视觉化时代的体育传播[J].当代传播,2007(4):99-100.
② 杜林.略论视觉化时代的体育传播[J].当代传播,2007(4):99-100.

美国洛杉矶奥运会期间,全世界每天通过电视收看奥运会比赛的人数平均达到 20 亿人次。1992 年西班牙巴塞罗那奥运会开幕式,全世界共有 35 亿名观众享受了精彩的开幕表演。2000 年,第 27 届奥运会在澳大利亚悉尼举行,参加奥运会报道的记者达到 15000 人,比参赛的运动员还多。2004 年,国际奥委会在一项声明中说,来自世界各地的 300 个电视频道将对 8 月 13 日至 29 日的雅典奥运会进行 35000 个小时的"集中轰炸"。"将有超过 39 亿人通过电视观看奥运会,较之悉尼奥运会有明显的增长。"该声明称,悉尼奥运会的电视收视人次为 37 亿。而事实上,雅典奥运会和北京奥运会的电视观众都超过了 40 亿人次。

从 20 世纪 50 年代开始,电视开始全面进入体育报道领域。但是,电视给体育传播带来的革命性影响,还是在 1984 年洛杉矶奥运会之后。这种影响主要体现在如下几个方面。第一,电视转播权拯救了奥运会,也带动了世界杯赛,拉动了各国职业联赛,使体育真正成为产业。第二,电视体育声画合一的特性,令观众足不出户,却能身临其境,并产生依赖性,不知不觉中就改变了受众的休闲娱乐方式、生活方式乃至信仰。第三,以电视为龙头的媒体是一届奥运会以及各种大型赛事是否成功的最终评判者,媒体报道催生了"媒体服务"的概念和标准。媒体服务后来被广泛应用于各种大型赛事服务之中。第四,电视决定体育的未来,世界各大体育组织和欧美知名的职业体育组织都纷纷成立了电视委员会,旨在通过电视作为抓手,来聚集人气,拥抱大众,培养忠实拥趸。第五,即使在今天的新媒体时代,如果没有电视节目作为基础,网络和移动媒体也就失去了核心与灵魂。第六,电视的出现,改变了新闻人与体育人的传统关系。当报纸体育记者在引起体育运动员不满的时候,广播电台和电视台的记者、主持人、评论员却凭借他们的公众形象,充当体育公共关系代言人的角色,他们与体育运动员的关系是友好和相互支持的。

加拿大学者克劳克与库克认为:"凡是没有进入电视的真实世界,凡是没有成为电视指涉物的认同原则,凡是没有经由电视处理的现象和人事,在当代文化的主流趋势里都成了边缘,电视是'绝对卓越'的权利关系的科技器物。在后现代的文化里,电视并不是社会的反映,恰恰相反,'社会是电视的反映'。"[1]从某种意义上说,媒体文化等于消费文化,同时等于电视文化。

最后,我们分析一下体育的多元化传播方式。

在媒体文化和消费社会双重背景下,媒体体育的传播方式不是单一的,而是多元的,一般包括下列要素。

一是拟态化传播,即大众媒体所构建的体育世界,并不等同于原生态体

---

[1] 汤林森.文化帝国主义[M].冯建三,译.上海:上海人民出版社,1999:116.

育,而是一种拟态环境下的体育,它是主观与客观相结合的产物。

二是功利化传播,即重要体育比赛的结果与过程,是媒体新闻传播的重头戏。

三是商业化传播,即电视转播权费和赞助费对于奥运会、世界杯、各国职业联赛等高水平赛事带来革命性影响,商业化的法则是金钱交换一切,因此,媒体和商家可以逼迫体育组织对比赛规则、比赛场次、比赛时间、比赛地点等做出有利于出资人而不利于运动员和观众的变动。

四是娱乐化传播,即媒体为了获取利润,而以感官刺激、媚俗、暴力等方式去赢得受众。

五是戏剧化传播,即采取戏剧化的手法来传播体育。体育与戏剧有相同的结构,那就是悬念结构,对悬念的追问是体育观赏与体育报道不可回避的问题。

六是刻板化传播,即用刻板印象的方法来进行体育传播。媒体总是倾向于塑造"有利于优势权利结构"的共识及价值体系,而这往往是透过刻板印象化过程来实现的。

七是互动化传播,即媒体组织与受众之间形式多样的体育互动传播,一般采取手机互动、电话互动、微博互动、微信互动、访谈互动、真人秀互动等方式,既可以有奖竞猜,也可以表达看法。

八是个性化传播,即媒体根据客户或用户的要求,采取定制、点对点等专业化的体育传播服务。

九是技术化传播,即体育传播体现了当今时代最先进的科学技术,"奥运媒体技术远胜过战争技术"[①]。技术与媒体是感官的延伸,我们创造了它们之后,它们又反过来创造我们。

十是全球化传播,体育的全球化和传播的全球化造成了今天的体育新闻全球化传播方式。

3. 媒体体育的三种传播模式

1) 媒体建构体育模式

媒体的作用,就是将客观现实转化成媒体现实,再通过受众对媒体的使用,转化成每一个人的主观心理现实。这种转化过程,并非像照镜子似的全部照搬,也的确无法全部照搬。从体育新闻传播的角度看,体育媒体机构的编辑方针、体育组织的基本诉求、体育商家的根本利益以及广大受众的群体喜好,均会在电视、报纸、电台、杂志、新媒体等体育传播过程中发生作用,致使新闻媒体体育传播内容偏离体育事件的客观真实,重构出一种媒体的体育真实,为

---

① Lawrence A Wenner. MediaSport[M]. London: Taylor & Francis Group,1998:21.

受众描绘出一幅有别于真实赛场的体育图景。

媒体建构体育基本遵循如下规律：媒体不会盲目报道所有的体育项目和赛事，报道体育活动首先要看比赛的重要性和娱乐性。美国媒体体育强调动作、竞争、最佳分数、成绩统计、记录、核心运动员和赛事、抱负、英雄行为，以及运动员的情感和个性。报纸体育版侧重得分等数据、个人英雄行为、特写照片，电视报道集中于球类或比赛冠军。报纸喜欢批判，电视则一般体现出支持态度。总体来说，报道不鼓励任何形式的社会分析。但是，人们关于体育的观点在很大程度上是根据报纸体育中所描绘的形象和信息来塑造的。文化意识形态一般蕴含在媒体报道中，而不会赤裸裸地表现出来。

在美国，媒体体育通过报道内容塑造如下主题。

一是成功主题。美国媒体重视通过竞争而取得结果的成功，重视比赛过程。美国电视台看重冠军，亚军被理解为一种安慰，季军几乎不被议论。美国四大联赛每一个赛季结束后，媒体总会围绕下一个赛季各支球队的重建问题展开讨论，重点报道那些可能争夺冠军的球队。

二是男性和女性主题。总体上，媒体表现出男尊女卑的倾向。在报道篇幅、运动员形象、姓名称呼（女运动员称其教名）、身体力量、比赛重要性、头版头条、报道频率、记者性别等方面，形成强烈反差。一说到美国的篮球明星，人们津津乐道的总是乔丹、科比、詹姆斯等 NBA（美国男子篮球职业联赛）巨星，很少有人想起 WNBA（美国女子篮球职业联赛）的那些知名女球星。媒体对同类项目的女运动员几乎存在"无视"的倾向。

三是种族主题。美国媒体在体育新闻传播中，有意无意地流露出白人高人一等、黑人素质低下的意识。在美国社会中，种族歧视是一个顽症，白人对黑人和有色人种的歧视较为普遍，就连体育俱乐部的老板也不例外。2014 年洛杉矶快船队的老板唐纳德·斯特林就是因为在私人谈话中发表了涉嫌种族歧视的不当言论，而被判终身禁足 NBA，并被迫出售自己经营了三十多年的球队。

四是其他的意识形态主题。至少体现在以下五个方面。其一，国家主义和国家团结主题。媒体鼓励运动员代表国家比赛就必须为国争光，任何人不得对国旗、国歌以及国家队的名号有所轻慢，更不允许玷污。其二，竞争个人主义主题。体育比赛的首要看点就在于明星或巨星（"老大"）的霸气表现，"老大"具有绝对权威，有时连教练也奈何不得。其三，团队协作主题。比赛不仅仅需要"老大"作中流砥柱或一柱擎天，也得有角色队员尽职尽责，扮护花绿叶，否则比赛赢不了，如姚明时代的火箭队巴蒂尔为了球队胜利自己专注于防守。其四，心理和生理上的攻击性主题。媒体乐于报道对手之间在赛场上互飙的不文明语言，并做心理分析，同时对比赛中的冲突性场面进行特写性报道。其五,消费主义主题。媒体鼓励购买广告产品,以保持观众跟运动队和运动员的联系,这与美国社会中的消费意识形态相一致,因为"你所买的就代表了你个人的形象",是市场经济的一个信条。

有权有势的人和公司喜欢上述主题,鼓励这些形象和信息,并且使这些主题成为美国社会公共意识的一部分。因此,他们赞助体育,喜欢体育报道。

2) 媒体介入体育模式

现代媒体一般通过新闻采编、广告经营、活动组织、品牌推广进行"四轮驱动",而体育媒体介入体育更具有得天独厚的便利。体育媒体往往以自身的品牌身份,或者以下属广告公司、文化娱乐公司的名义,通过独家报道赛事、举办体育活动、冠名体育赛事等方式来介入体育。这种方式实际上是媒体与体育的联合。在美国,ABC、NBC 等电视网络都有属于自己的高尔夫职业品牌赛事。在英国,默多克旗下的天空卫视享有英超的转播权。在我国,中央电视台旗下的中视体育娱乐有限公司,以新锐超前的理念、出色的管理和独树一帜的赛事产品、赛事服务领导着体育产业的发展,牵头建立中国赛事市场的规范标准,通过对体育赛事的国际化管理、大型活动暨节目的市场运营,独揽中国所有冬季赛事的经营、推广及明星运动员的经纪活动,逐步完成体育产业链环节的建设。

3) 媒体控制体育模式

根据目前的趋势,媒体体育的下一个发展方向就是媒体组织通过购买体育俱乐部的股份或者组建体育俱乐部来控制体育,以使体育朝着媒体期望的方向发展。1998 年 9 月,默多克拟出资 6.23 亿英镑天价,购买英超豪门曼联足球俱乐部,获得了曼联董事会的批准。但是,媒体与体育两者完全整合,既有诱惑力,也有危险性。英国政府认为,这一收购会对播出机构之间的竞争造成负面影响,同时也会加剧富有的大俱乐部和贫穷的小俱乐部之间的不平等,并因此而损害英国足球的质量。默多克的计划虽然流产了,但他对于体育的迷恋没有丝毫改变。他曾在 1996 年新闻集团的年会上说:"体育,尤其是足球,就其将观众吸引到收费电视的能力而言,绝对超过电影和其他娱乐方式。"他在公开承认其环球化企业运作的重要性之余,也相应地将体育形容为"环球传播帝国的基石"。[①] 意大利前总理贝卢斯科尼虽然多年以来绯闻缠身,官司不断,但他总能屹立不倒,关键原因就在于他既是媒体老板,又是俱乐部老板。他通过控制媒体,来控制 AC 米兰足球俱乐部的发展,同时间接控制无数喜爱 AC 米兰的球迷选民。

---

① 詹姆斯·库兰,米切尔·古尔维奇.大众媒介与社会[M].杨击,译.北京:华夏出版社,2006:338.

媒体控制体育,将会形成一条全新的体育传媒产业链。这条产业链与一般的经济产业链不同,它并非单纯的体育产业,也不是单纯的文化产业,它是一种"传媒体育文化复合体",充满了神秘的文化色彩。因此,虽然国内外有把体育传媒产业当作体育产业中的体育辅助产业之一的统计传统,但是,仍有专家更倾向于把这种媒体控制体育的趋势称为复合产业。

(三)媒体体育与体育媒体的关系

前面我们已经给出了媒体体育的操作性定义,而体育媒体是指专门报道体育活动的新闻媒体。从狭义上说,体育媒体是指专业的体育新闻媒体,如体育报纸、体育杂志、体育电视、体育电台、体育互联网、体育手机等;从广义上说,除了专业体育新闻传媒外,体育媒体还包括一般新闻传媒中的体育版面或板块,我们一般采用广义的说法。①

从时间先后来看,体育媒体的历史比媒体体育要长,媒体体育是体育新闻传播发展到一定阶段的产物。从本质属性来看,体育媒体是一种传播媒介,而媒体体育是一种传播方式,前者是载体,后者是途径。从学科范畴上看,媒体体育属于传播学概念,而体育媒体属于新闻学概念。从功能发挥上看,媒体体育要依赖体育媒体来运行,产生传播效果。

(四)媒体体育与体育新闻报道的关系

从时间先后来看,体育新闻报道很早就有,历史悠久,而媒体体育是电视时代和消费社会的产物。从学科范畴来看,体育新闻报道属于新闻学概念,属于局部技术问题;媒体体育属于传播学概念,牵涉宏观理念问题。从操作方式来看,体育新闻报道往往是个体或小组行为,而媒体体育则更多是集体或整体行为,前者要求遵循新闻采访与报道一般规律,后者讲究新闻策划与议程设置技巧;前者可以是以能力为基础的单兵行动,后者一定是以实力做保障的系统工程。从服务对象来看,体育新闻报道为广大民众服务,媒体体育为掌握权力和财富的人们服务,体育新闻报道旨在培养受众的公民精神(把人变成了主人),媒体体育旨在鼓吹受众的消费意识(把人变成消费者)。从内容选择来看,体育新闻报道主要是对新近、正在或即将发生的体育事实进行报道,而体育事实包括体育领域里能够引起社会各类人共同兴趣的信息,如体育活动和体育比赛的信息;而媒体体育的内容侧重于引起社会关注的竞技体育中,能吸引商家和公众眼球的,有趣、难忘、跌宕起伏的信息,以及由此引发的暴力、性、兴奋剂等负面信息。从传播过程来看,前者强调传者本位,调查事件真相;后者强调赞助商、广告商、制造商本位,强调事件反响。从传播效果来看,体育新

---

① 张德胜.体育媒体通论[M].广州:广东人民出版社,2005:1.

闻报道注重新闻价值和社会责任,媒体体育重视受众满足和商业效果。

总之,媒体体育是体育新闻报道发展到一定阶段的必然产物,体育新闻报道是媒体体育的基础。媒体体育不能离开体育新闻报道而单独存在,否则,就会成为无源之水、无本之木。

(五)传播方式与传播模式

在本书中,"媒体体育"概念所涉及的传播方式是指单一的技术方式,而传播模式则指传播规律。一种传播模式需要多种传播方式来实现。

第五节 研究方法与理论支撑

一、研究方法

本书主要采取历史阐述法、内容分析法、数理统计法、案例分析法、专家访谈法等方法,具体分析媒体体育的基本特征。

(一)历史阐述法

从历史的角度分析体育新闻传播的历史以及媒体文化与消费社会形成的过程,进而研究媒体体育的发端与演进,为研究我国媒体体育的基本特征奠定基础。

(二)内容分析法

收集并整理相关领域的文献资料,弄清所收集文献中本质性的事实和趋势,揭示出文献所包含的有关"媒体体育"的隐性情报内容,以求对媒体体育的发展做出情报预测。

(三)数理统计法

对权威统计部门(如央视-索福瑞媒介研究有限公司)提供的,能较客观、真实地反映出"媒体体育基本特征"的相关数据,进行统计分析,以做出正确解释,力图通过局部推论得出全部结论。

(四)专家访谈法

本书拟采用结构式访问对相关领域的专家、学者及第一线的体育新闻工作者进行系统、深度访谈,使本研究理论联系实际,从实践中来,到实践中去。

(五)案例分析法

通过分析中视体育的成功运营,来探索体育媒体做强做大之路。

二、理论支撑

除了新闻学、传播学、社会学的一般理论外,以下理论是本书进行研究的主要理论依据。

(一) 媒体文化理论

1. 媒体文化理论

大众媒体是现代神话的制造者。在媒体文化中根本没有经典和大众之分,只要同当前大众的需求吻合,只要有市场,就是媒体文化应该包容的对象。媒体大众文化向当代社会生活开放,注定了它的大杂烩形态。媒体文化最大的特点是其包容性,而构成媒体文化的关键点是基本话题。媒体文化不是按照符号系统的内在逻辑发展起来的,它是由一些基本话题辐射开去的,由某些话题生发出另外许多话题,因此它是开放性的,没有可以预见的边界,也无法事先规定话题的走向。[①] 人们共同关心的话题就是大众媒体关注的焦点,而这些话题是向当代社会生活开放的。而所谓当代社会生活并非当代人生活的总和,而是媒体特别关注的那一部分对象,这一对象往往就是社会时尚。

媒体文化要适合那么多人的口味,其话题在一段时间内就只能停留在一个相对浅显的初级阶段上。任何过于深刻或更加高级的参与企图都不适合在大众媒体上达成。因为广泛的受众是没有持久的耐心的。大众媒体必须面对大众,而且必须讨好大众。大众媒体在销售神话的同时,才能推销自身,否则无法在让人目迷五色的环境中吸引大众的注意力。情感的随意流动就是大众文化的规则,进入大众文化则不需要任何训练,以情感为主导即可,因此必然吸引大量的受众。大众文化总是超越审美体系,大众文化中的"美"是同身心的愉悦联系在一起的,是身体的快乐和参与,因此它更多的是种本能的快乐。

在现代大众媒体中,影响力最大的是电视媒体,所以,我们还要专门说说电视文化理论。

2. 电视文化理论

电视是一种媒体,一种大众媒体,从文化意义上讲,电视文化应属大众文化。"媒介即信息",电视是社会公众政治信息的主要来源,是社会舆论形成的渠道之一。电视在传递信息过程中,具有一定的政治倾向性,因此,电视文化以媒体为主要形式,以宣传或传播为主要特征。其主要功能有三。一是灌输作用。灌输占统治地位的思想和起主导作用的文化。二是导向作用。具有宣传的鲜明性,提倡什么,反对什么,允许什么,取缔什么,都要有鲜明的态度。

[①] 蒋原伦. 媒体文化与消费时代[M]. 北京:中央编译出版社,2004:49.

三是传播作用。以提高人民的思想、文化和科学素质为目的,传播不同层次的文化。

电视文化还以形象地反映和再现社会生活为其艺术特征。电视文艺要提倡主旋律,实际上就是一种艺术化了的社会意识形态。同时,它还表现为审美、娱乐和消遣功能,融思想性与娱乐性为一体,寓教于乐,达到影响、鼓舞人的作用。电视文化产业是精神文明建设的重要组成部分,能够从更大的范围、更多的层面提高全民的文化素养,推进整个民族的文明进程。因此,我们在电视实践中,要正确处理好文化与意识形态的关系,既要防止意识形态的泛化,又要防止用文化来代替意识形态。

电视文化包括电视物质文化、电视精神文化和电视制度文化等领域。

(二) 消费社会理论

消费社会是指生产相对过剩,需要鼓励消费以维持、拉动、刺激生产的社会形态。在生产社会,人们更多关注的是产品的物性特征与使用价值。在消费社会,人们更多关注的是商品的符号价值、文化精神特性与形象价值。

法国哲学家、现代社会思想大师、知识的"恐怖主义者"让·鲍德里亚(Jean Baudrillard)是最早系统研究消费社会理论的人,在研究消费社会理论和后现代性的命运方面卓有建树。在20世纪80年代这个被叫作"后现代"的年代,让·鲍德里亚在某些特定的圈子里,作为最先进的媒介和社会理论家,一直被推崇为新的麦克卢汉。鲍德里亚的《消费社会》一书发表于1970年,在当时可谓石破天惊,当许多西方学者纷纷用"后"来命名眼下的社会形态(如后现代社会、后工业社会等等)时,他则由现代社会中人与物的关系入手,从特殊的需求理论出发来界定社会。

继鲍德里亚之后,诺丁汉特伦特大学社会学与传播学教授迈克·费瑟斯通,是后现代主义和文化全球化论争最有影响的参与者之一,他的著作《消费文化与后现代主义》(1991)和《消解文化:全球化、后现代主义和身份》(1995)等已经产生了广泛的影响。

在消费社会中,消费成为社会生活和生产的主导动力和目标,价值与生产都具有了文化的含义。与此相反,传统社会的生产只是艰难地满足生存的必需,而消费社会显然把生活和生产都定位在超出生存必需的范围。"消费"(consume)一词,按照威廉斯的说法,其最早的含义是"摧毁、用光、浪费、耗尽"。费瑟斯通在论及消费文化时指出,作为浪费、过度使用与花费的消费,在对资本主义社会和国家社会主义社会的生产主义的强调中,表现的是一种自相矛盾的情形。因此,对这样的消费必须加以控制和疏导。古典或传统的经济价值观念总是与短缺联系在一起,但工业资本主义的生产的不断扩大,其结果必然导致过剩。消费的观念就变得日益重要,这是后工业化生产所必需的前提。资本主义生产经历过生产过剩导致的经济大萧条,消费的观念就成为后工业资本主义生产的精神支柱。"消费文化"这个术语主要用于强调商品世界及其结构化原则,对理解当代社会来说具有核心地位。费瑟斯通指出,这里有双层的含义:首先,就经济的文化维度而言,符号化过程与物质产品的使用,体现的不仅是使用价值,而且还扮演着"沟通者"的角色;其次,在文化产品的经济方面,文化产品与商品的供给、需求、资本积累、竞争及垄断等市场原则一起,运作于生活方式领域之中。

费瑟斯通特别指出,新型中产阶级,即媒介人和文化专家的产生,促使消费社会的增长具有深远的动力。他们有能力对普遍的消费观念予以推广和质疑,能够使快感和欲望,与纵欲、浪费、失序等多种消费影像流通起来,并将其推行开来。他写道:"这一切都发生在这样的社会中:大批量的生产指向消费、闲暇和服务,同时符号商品、影像、信息等的生产也得到急速的增长。"

在欧美国家,第二次世界大战以后的经济持续繁荣,这得益于技术创新、现代管理体系与资本运营的成就,以及在此基础上建立起来的后工业化社会。杰姆逊曾经描述过消费社会在西方出现的历史状况。他认为,一种新型的社会开始出现于第二次世界大战后的某个时期,它被冠以后工业社会、跨国资本主义、消费社会、媒体社会等种种名称。他指出:"新的消费类型;人为的商品废弃;时尚和风格的急速变化;广告、电视和媒体迄今为止以无与伦比的方式对社会的全面渗透;城市与乡村、中央与地方的旧有的紧张关系被市郊和普遍的标准化所取代;超级公路庞大的系统和驾驶文化的来临——这些特征似乎都可以标志着一个与战前社会的根本断裂……"因此,也可以认为西方发达国家在20世纪六七十年代开始形成消费社会。[①]

(三) 拟态环境理论

在国内外学术界,媒体体育已被作为一个专门的研究领域。但是,对于什么是媒体体育的理论前提,中外学者的看法略有不同。美国学者倾向于将媒介研究理论作为媒体体育研究的理论支撑,主要从机构、文本、受众三个方面来研究媒体体育。如美国学者 Lawrence A. Wenner 所主编的《媒体体育》一书,就是采取这种方法。媒介研究理论由英国著名的媒介与文化研究专家利萨·泰勒、安德鲁·威利斯在其合著《媒介研究:文本、机构与受众》一书中提出。而中国学者则倾向于以拟态环境理论作为媒体体育研究的理论支撑。

拟态环境理论由美国著名记者沃尔特·李普曼在其1922年出版的《公共

---

① 克雷纳.全球企业并购大师鲁伯特·默多克:传媒巨子经营成功十大秘诀[M].章彦,译.上海:上海远东出版社,2001:34.

舆论》一书中提出。该理论称,人们所面对的世界有两个:现实世界和大众传媒所创造的拟态环境(或称仿真环境)。拟态环境有两个重要的特点:其一,拟态环境不是现实环境"镜子式"的摹写;其二,拟态环境并非与现实环境完全割裂,而是以现实环境为原始蓝本。

受众对"媒介真实"(拟态环境)的认同,就是受众对媒介信息的虚拟化认同。现代社会人们生活在媒介的包围中,因而更是生活在媒介创造的虚拟环境中。由于在大多数情况下,人不可能亲身经历、亲自体验外界环境中所发生的所有变化,因此,我们所认识的世界,大部分是由媒介组织创造的"第二手真实"。受众沉浸在媒介真实中,并从中找到自己理想的乐园,这也使得他们积极追逐媒体,寻求下一轮的使用与满足过程。①

李普曼认为,现代社会大众传媒极为发达,人们的行为与三种意义上的"真实"发生着密切的联系。一是客观真实,即实际存在、不以人的意志为转移的事物。二是符号真实,也叫象征性真实或拟态环境,是对客观外界的任何形式的符号式表达,包括艺术、文学及媒介内容。这种真实通常是由传播媒介经过有选择地加工后所象征或表现的。三是主观真实,即由个人在客观真实和符号真实的基础上认识形成的真实。这种认识很大程度上是以媒介所构建的"符号真实"为中介的,也就是受众从媒介上理解的"现实"。媒介提供的现实,是真实生活经验的"膨胀",不等于客观现实。因此,经由这样的中介形成的真实,不可能是对客观现实"镜子式"的反映,而是产生了一定的偏移。三种"真实"的关系图如图 1-5 所示。

图 1-5 三种"真实"的关系图

格伯纳等人也认为,大众媒介向人们展示的社会生活景象只是一种"象征性真实",但由于人们往往不加怀疑就接受了这些媒介内容,所以这种"象征性真实"对人们认识和理解现实世界发挥着巨大的影响。由于大众传媒的某些倾向性,人们心中描绘的"主观真实"与实际存在的客观真实之间出现很大的偏差。同时,这种影响并不是在短期内以明显的方式形成的,而是要经过一个长期的、潜移默化的"培养"的过程。在现实生活中,人们是根据"主观真实"指导自己的行为的。因此,媒介具有的"象征性真实"会影响到人们的日常行为,

---

① 董璐.传播学核心理论与概念[M].北京:北京大学出版社,2008:242.

从而带来严重的生活后果。①

当今以电视体育为代表的媒体体育,就是一种体育形象或信息的拟态图景,是一种具有无穷魔力的"超真实"虚拟体育。与媒体体育迷相比,能去现场观看比赛的人实在是太少了,而且在现场观看比赛,远不如通过媒体观赏或了解体育比赛来得全面、清晰与深刻。

上述理论,对于本书的中观研究会有较大帮助。其中,文本特征研究是本书的重点,而上述理论对于文本特征研究,将有别于以往单调的存在与意识关系研究,能给我们提供全新的研究视野。

第六节 主要的研究内容、难点与创新点

一、研究的主要内容

本书的主要研究内容有四:一是勾勒新中国成立以来我国体育新闻传播实务的历史轨迹;二是分析当前我国媒体体育的基本现状;三是梳理当前我国媒体体育存在的主要问题;四是借鉴国际先进经验,提出解决我国媒体体育根本性问题的战略性对策。

二、研究重点、难点与创新点

(一) 研究重点

全面、系统、科学地论述当前我国媒体体育的基本现状与存在的主要问题,并提出解决我国媒体体育根本性问题的战略性对策,是本书的研究重点。

(二) 研究难点

国内外系统研究媒体体育的文献不多,更重要的是,受我国体制、机制等诸多因素制约,本书提出的解决当前我国媒体体育现存问题的战略性对策,能否为学界、业界共同认可与接受,能否推动中国媒体体育的进一步发展,有待实践检验。

(三) 创新点

本书的创新点有三:第一,完整系统地勾勒了媒体体育的国际发端及其在

---

① 董璐.传播学核心理论与概念[M].北京:北京大学出版社,2008:243.

中国的发展;第二,独立自主地界定了"媒体体育"的概念,并做出了科学合理的内涵解析;第三,有针对性地提出了一些解决中国媒体体育根本性问题的战略性对策,如建立体育信息主管制度,建立与推广媒体运行服务体系,体育媒体的跨媒体、集团化、公司化运营以及股份制改造等。

第二章

我国体育新闻传播实务的历史轨迹

第二篇

新中国成立60多年以来,我国的体育新闻传播可以分为四个时期,每一个时期各有其特点,下面分别从时代背景、机构、文本、受众等方面加以阐述。而媒体体育的出现,则是20世纪90年代的事情。

第一节 百废待兴期(1949—1966):一报一刊搞宣传,广播电视初体验

一、时代背景

新中国成立初期,我国社会主义事业百废待兴,体育事业强调"一定要为人民服务,要为国防和国民健康的利益服务"。1952年6月24日,毛泽东同志为中华全国体育总会成立题词:"发展体育运动,增强人民体质。"同时,指示体育界要坚持"普及与提高相结合"。后来这些指示都成为新中国体育事业的指导性方针。不久,广播体操和锻炼标准在全国推广,体育组织广泛建立,体育活动在全民中开展。在这一时期,新中国首次派遣了40人的代表团参加1952年赫尔辛基奥运会,游泳选手吴传玉成为新中国参加奥运会的第一人。

在这一时期,我国大部分大众传播媒介基本处于草创阶段。从中央到地方,报刊、广播、电视、出版社、电影厂等纷纷建立。与新中国成立初期的社会主义改造和建设相适应,几乎所有的体育媒体都是从宣传社会主义建设成就的角度来开展报道工作,并以宣传普及体育知识为重点,同时,讨论如何开创新中国体育事业的一些基本问题。对于国外体育运动开展情况,几乎没有任何公开报道。1952年国家体育运动委员会成立,随即建立了专门从事体育宣传工作的部门。

二、机构概况

1958年9月1日,新中国第一份体育报纸《体育报》(1988年更名为《中国体育报》)正式创刊。这一时期,一些省市相继办起了地方性的体育报。党报等综合性日报高度重视对体育新闻的报道。报纸体育新闻报道,是这一时期新闻媒体的重头戏之一。

在体育期刊方面,1950年7月1日,由毛泽东同志题写刊名、朱德同志题词的《新体育》杂志创刊,它是新中国创刊最早的全国性体育专业期刊。从中央到地方,各级体育行政部门出版了《体育通讯》或《体育简讯》之类的刊物,为本系统各部门提供体育信息。1957年,新中国第一份英文版体育期刊《中国体

育》创刊,该刊面向100多个国家和地区发行,向国外读者介绍中国体育发展情况。

广播是这一时期的强势媒体。1955年4月,中央人民广播电台开设体育专题《体育谈话》,1958年改名为《体育运动》,每天都有固定的播出时间,及时地报道我国体育的情况和成就。著名体育解说评论员张之当时就是《体育运动》节目的播音员。

1958年,北京电视台(即中央电视台的前身,1978年5月1日更名为中央电视台,英文简称CCTV)成立,1960年1月1日设置固定的《体育爱好者》专栏。

成立于1931年的国家级通讯社新华通讯社,关注体育新闻报道。成立于1952年9月14日的中国新闻社,则较少报道体育新闻。

总体来说,这一时期的体育媒体都是党和政府的喉舌,也是典型的舆论宣传工具。媒体很少有广告和其他经营收入,主要靠国家大量的财政拨款得以维系,因此较少关心受众的需求。

三、文本概况

这一时期的体育媒体报道主要包括以下内容。

第一,着重报道在国内举行的重要体育赛事。新中国成立后的第16天,《人民日报》、《光明日报》等中央级媒体对北京人民体育大会作了报道,揭开了新中国体育报道的序幕。中央人民广播电台对于重大的国内比赛和国际比赛,都办有实况转播节目。各省、市、自治区广播电台也经常报道全国及本地区的体育运动情况。这一时期,中国对外广播中也经常有体育新闻报道出现。

第二,认真报道中央领导人出席体育活动的新闻。新中国成立初期,党和国家领导人频繁出席各种重要的体育活动,一方面显示了他们的亲民形象,另一方面能鼓舞运动员士气,并进而激发广大群众的社会主义建设热情。以足球为例,1955年10月30日,毛泽东主席亲临先农坛体育场观看中苏足球友谊赛,并接见了苏联泽尼特足球队。1956年9月,周恩来总理观看中国足球队与巴基斯坦足球队比赛后,接见双方运动员;1959年12月21日,朱德委员长接见来访的阿尔及利亚足球队;1960年五一国际劳动节,贺龙、邓小平、彭真、李富春等中央领导到北京工人体育场观看足球比赛;1962年10月5日,邓小平副总理接见越南人民军足球队,等等。

第三,坚持报道群众性体育活动普及与提高的典型经验,强力推广广播体操。中央人民广播电台从1951年12月1日起,每天定时播放配乐广播体操节目,这对全国的工厂和学校开展体育活动产生了很大的影响。

四、受众概况

新中国成立初期,民众的物质和文化生活都相当贫乏。新闻媒体包括体育新闻媒体所刊播的各种有限的信息作品,都是人民群众宝贵的精神食粮。受众往往从学习与教育的角度来接触媒体,这从一报一刊十几年的栏目设置——"体育运动卫生常识"、"漫谈游泳"、"体育教师"、"怎样进行劳卫制锻炼"等可见一斑。

第二节 十年动乱期(1966—1976):媒体服从政治,报道亦为应景

一、时代背景

在"文革"期间,我国的各项事业基本处于停滞状态,国民经济处于崩溃的边缘,体育事业陷入低谷。"文革"后期,因"乒乓外交"战略成功,体育成为政治与外交的手段之一。新闻媒体对于体育的报道,首先要服从并服务于国家的政治与外交。

二、机构概况

这一时期,宣传报道体育的主渠道仍旧是报刊。但是,当时唯一的体育报纸《体育报》1966年被迫停刊,直到1974年才得以复刊。中央人民广播电台和中央电视台的许多体育节目也被迫停播。"文革"后期恢复了体育报道,1973年,从武汉到北京进行体育实况直播试验成功。但在政治愁云笼罩下,体育媒体并没有多少专业色彩。

三、文本概况

在"文革"前期,纯体育的报道和节目基本没有。到了"文革"后期,伴随"乒乓外交"战略成功,我国开始与东欧和非洲的友好国家之间频繁开展体育国际交流,但这些交流往往不是基于纯粹体育层面的竞争,而是作为外交手段之一,要求"友谊第一,比赛第二","加强友谊,促进团结",体育已沦为政治的附庸。对于体育的报道,往往被视作政治任务来抓。比如,国内各体育媒体对中国运动员参加的亚非乒乓球友好邀请赛和第7届亚运会的大规模报道,比赛成绩往往被一笔带过,比赛过程几乎没有,但重点烘托的是团结、友谊和进步。

四、受众概况

在这一时期,几乎没有真正竞争性的体育赛事,媒体也不报道国际体育,也就不存在纯粹意义上的体育受众。因为所有媒体都被"革命"的内容所充斥,于是造成受众的分野模糊,正像当年全国老百姓差不多都穿灰色衣服一样,彼此之间缺少区别。

第三节 调整改革期(1976—1994):综合性媒体挑大梁,专业性报刊渐崛起

一、时代背景

这一时期,中国大的背景是拨乱反正,全面实行政治体制与经济体制改革,提出建设有中国特色的社会主义。中国的各项事业进入了高速发展期。

体育事业开始复苏,并取得了几项标志性的成就。一是1979年,国际奥委会宣布恢复中国在国际奥委会的合法席位,中国重回国际奥运大家庭。二是1981年,中国女排夺得世界冠军,体育界率先奏响"冲出亚洲,走向世界"的号角,国人备受体育鼓舞,北大学子喊出了"团结起来,振兴中华"的口号。三是1982年,在印度新德里举行的亚运会上,中国代表团荣获金牌总数第一,首次超越亚洲体育强国日本。四是1984年,在美国洛杉矶举行的第23届奥运会上,许海峰为中国代表团实现了金牌零的突破,全面登上奥运舞台的中国人一举夺得15枚金牌。中国代表团随后继续参加1988年汉城奥运会和1992年巴塞罗那奥运会,备受世界关注。五是1986年9月,中国女排第五次夺得世界冠军,"女排精神"被誉为一种新的民族精神。六是1990年,北京成功举办了第11届亚运会。七是1991年,中国广州成功举办了第一届女足世界杯赛。

体育事业的腾飞,给体育媒体的全面均衡发展创造了契机,各大媒体纷纷建立了专门的体育新闻部,进入了由专业和专职的体育新闻记者采写体育新闻的时代。

二、机构概况

首先,自进入20世纪80年代起,体育报刊业的发展出现了从未有过的繁荣景象。一是中央和各省市综合性日报、党报陆续成立体育部,开辟体育版和体育专栏。其中,《工人日报》的"体坛纵横"、《中国青年报》的"体育爱好者"、

《人民日报》的"体育之角"等都是当时的著名栏目。仅《人民日报》的"体育之角"1983年发稿量就达近百万字,体育图片有2000多幅。二是应市场需求,30多种体育专业报纸如雨后春笋般涌现出来,其中,1980年诞生的《足球》报和1988年诞生的《体坛周报》成为中国最具影响力的专业体育报纸之一。三是一大批体育期刊深受读者欢迎,如人民体育出版社1980年创办的《足球世界》、江西的《足球俱乐部》、四川的《体育爱好者》(内地与香港合办的第一本体育杂志)等都拥有大量的读者。据统计,截至1988年,我国以宣传体育竞赛、训练、健身以及体育人物为主要内容的新闻性报刊达80余家,每期发行总量达1000多万份。

其次,因为直播优势,广播电视逐渐取代报刊而成为体育报道的"领头羊"。1983年春,全国新闻改革以广播电视为突破口,出现了中央、省、地、县四级办广播、办电视,四级混合覆盖的格局,我国广播电视事业进入了空前发展的新阶段。1978年12月,中央电视台第一次组织报道团前往泰国曼谷对第8届亚运会做现场报道,这是我国第一次从国外现场直播体育比赛,由此拉开中国媒体报道世界大赛的序幕。1980年,中央电视台体育部成立。1982年,中央人民广播电台体育部成立,体育报道已经成为广电新闻的重要内容之一。大部分省市级电视台在1980至1986年成立体育部,开办体育节目。

再次,新华社开始发挥"媒介之媒介"的作用。1984年1月1日,新华社成立与国内部、国际部、对外部等重要业务部门并列的体育部,把体育新闻列入重点发稿项目,统发对内、对外的体育稿件。从此,体育新闻报道量大幅度上涨,从1978年全年仅有零星的体育报道17条,到1990年仅6月份,在无重大赛事的情况下共发485条新闻,日均发稿约16条。

最后,体育新闻群团组织和教育机构出现。1979年9月,中国体育记者协会成立。中国体育记者协会在1985年和1987年分别于北京、广州举办了全国体育记者讲习班。

为适应体育媒体市场需求,经当时的国家教委批准,上海体育学院1989年正式创办体育新闻专业,开中国高校专业化、规模化培养体育新闻人才之先河。

总体来看,这一时期我国各体育媒体呈现出均衡发展、百舸争流的态势,商业和公共媒介两种模式并存。

三、文本概况

这一时期,作为体育媒体最核心的报道内容,竞技体育赛事报道成为最主要的体育资讯。奥运会、亚运会、全运会等大型综合型运动会赛事,都得以连续、全面、迅速报道。世界各单项体育运动协会举办的世界杯和世锦赛赛事,

也是我国体育媒体报道的重点。大球运动、集体项目以及乒乓球、羽毛球、跳水、体操、围棋、象棋等中国队的优势竞技项目报道,为老百姓所喜闻乐见。

我国20世纪整个80年代的体育报道对推动我国体育事业的发展,鼓舞全国人民的斗志,振奋民族精神,起到了极大的促进作用。体育媒体在传播信息的同时,也较好地完成了宣传任务。

但是,我们应该看到,因记者断档、编辑不专业,导致节目或文章质量不高和报道水平低下,公式化、简单化、从比赛开头写到结尾的"概念新闻"普遍存在。体育报道缺乏国际视野,对于欧美的职业体育知之甚少。金牌至上、成王败寇的惯性思维流行,竞技体育被盲目地烙上了"为国争光"的唯一标签,群众体育报道逐渐被冷落。

四、受众概况

在国民经济水平不高,老百姓文化生活欠丰富的这一时期,体育率先成为人们集体情绪的宣泄口和减压阀。受众喜欢体育,更多不是出于亲身参与,而是将国家荣誉、民族情怀和英雄崇拜捆绑于自身,很少锻炼但沉迷于体育报刊,电视的"读球"迷、"看球"迷比比皆是,并被社会所认可。

但在大部分受众眼中,体育等同于"为国争光"的载体,"体育=比赛=胜负=荣辱"的观念根深蒂固,赢得起而输不起的畸形心理最终导致了该阶段最严重的球迷闹事——1985年在北京发生的"5·19事件"。体育受众不断增长的资讯与精神需求,与体育媒体有限的满足能力之间存在较大的矛盾。

第四节　社会转型期(1994年至今):电视为王,网络崛起,报刊洗牌,广播突围

一、时代背景

党的十四大以后,我国社会完成了从社会主义计划经济向社会主义市场经济的转型。2001年,我国成功加入WTO(世界贸易组织)。

我国体育界分别出台了"全民健身计划"和"奥运争光计划"两个具有划时代意义的计划。从1994年开始,以足球为突破口,全面开展体育职业联赛。2001年7月13日,北京成功获得2008年奥运会举办权。2002年,中国足球队参加了举世瞩目的世界杯足球赛。中共中央国务院《关于进一步加强和改进新时期体育工作的意见》(中发〔2002〕8号)于2002年7月22日出台,中国体育进入了全面加强竞技体育、社会体育、学校体育和体育产业的崭新时代。

2008年,北京举办奥运会。2010年,广州举办亚运会。2011年,深圳举办世界大学生运动会。2014年,南京举办青年奥运会。2015年7月31日,北京成功获得2022年冬奥会举办权。

在新闻体制改革背景下,各媒介集团市场化、产业化、国际化趋势明显,体育媒体之间的竞争十分激烈,优胜劣汰的市场机制正在形成。体育运动与新闻媒体之间相互依赖、相关促进的关系,比以往任何时候都要突出。

二、机构概况

跟前几个阶段明显不同,体育新闻媒体都是在事业性质、企业运作前提下,在承担社会责任、追求社会效益的原则上,追求经济效益的最大化,普遍实现发行(收视、收听、点击)、广告"两个轮子"一起转的运作方式。以此为基础,各显个性。

第一,电视体育在继续保持强势地位的同时,频道制改革蔚然成风。1995年1月1日,中央电视台体育频道(CCTV-5)正式开播。十几年来,该频道一家独大,一直保持霸主地位,地方数十家体育频道合纵连横,试图打破这种不公平竞争格局。2013年8月18日,中央电视台体育赛事频道(CCTV-5+)开播,这是央视的第二个体育频道,以全高清格式播出。中央电视台体育赛事频道以直播和录播体育赛事为主,同时播出一些例如围棋赛、象棋赛、龙舟赛等具有中国特色的体育赛事。

第二,作为第四媒体的互联网异军突起,在给传统媒体造成威胁的同时,又与传统媒体结合,不断产生新的传播方式,给体育新闻传播带来新的生机与活力。20世纪90年代以来,随着现代传播技术在世界范围内迅速发展,互联网强大的功能和巨大的影响力使这一阶段的体育新闻传播耳目一新。新浪、搜狐、网易、腾讯等网站的体育新闻成为人们及时获取体育资讯的重要渠道。

第三,体育报刊靠发行赢利的"暴利时代"成为过去,同质化竞争导致《球报》和《南方体育》等曾叱咤全国的报刊在2005年的夏天遭遇停刊倒闭寒流,其他报刊重新洗牌。曾一时风光无限的《足球》报逐渐式微,不再对《体坛周报》构成竞争关系,但其旗下的《篮球先锋报》发展势头尚可。综合性报纸体育版,特别是后起的都市报体育版继续红火,成为报业经营的一个新的增长点。

第四,体育广播开始突围。随着电台"窄播"时代来临,北京、上海、广州等地体育广播频率纷纷开通,综合性电台的体育节目也被迫改版。而网络技术给体育网络广播的开通提供了可能。有车族越来越多,城市交通越来越堵,交通频率直播赛事、谈论体育成为时尚。

第五,手机作为媒体,逐渐形成共识。用手机通过发送短信、微博、微信等方式来发表体育新闻和评论已成为潮流,同时成为媒体产业和电信产业共同

赚钱的新工具和新方法。自媒体逐渐被世人所认同,手机体育报道的时代真正来临。

第六,利用各种媒体相互竞争的契机,新华社体育新闻越来越注重抢发重要体育新闻,并通过每年评选一次国内与国际十大体育新闻活动来彰显自己作为世界一流通讯社的地位。

三、文本概况

奥运会和世界杯是中国体育媒体恒定的"大餐",本阶段也不例外。但F1上海站的比赛,2004年首次进入中国市场,并没有如人们所期待的那样引发媒体和受众如对待奥运会和世界杯赛事那样的热捧。

体育媒体开始学会用中国人自己的眼光来报道与观察中国体育和世界体育。中国足球、篮球、排球、乒乓球等职业联赛在初期颇能吸引大众的眼球,但伴随足球联赛假球猖獗、黑哨横行、高层贪腐、司法介入不力、联赛水平下降,上述赛事有渐成鸡肋之势。而乒乓球、羽毛球、围棋等"小打小闹"的项目,绯闻不多,相反长时间持续受体育媒体欢迎。

从20世纪90年代开始,欧洲足球五大联赛、南美足球、NBA等运动项目,以其场面大、水平高、竞争激烈的特点,不断拉动中国体育媒体成长。

国人对于网球的喜爱,一方面基于网球是一项传统而又时尚的运动。说其传统,是因为四大满贯具有悠久的历史和复杂的讲究;说其时尚,是因为网球是力与美的最佳结合,像费德勒、纳达尔、小威廉姆斯、莎拉波娃等知名选手,既是运动员,又是各种潮流品牌的代言人,勇立潮头。另一方面基于中国女子网球运动异军突起。中国女双选手在2004年雅典奥运会和2006年澳大利亚网球公开赛喜夺冠军。2008年北京奥运会之后,国家体育总局网球运动管理中心批准李娜、彭帅、郑洁、晏紫等优秀运动员"单飞",走职业化道路。结果李娜勇夺2011年法网和2014年澳网女子单打冠军,世界排名一度达到前二,创造了中国和亚洲女子运动员纪录,成为全球瞩目、家喻户晓的风云人物,其他女子运动员也不同程度地获得了骄人战绩。

在中国,网球是继足球、篮球之后兴起的又一门热门体育运动,2015年有7项高水平的国际网联赛事在中国举办,中国网球公开赛(北京)、网球大师赛(上海)和武汉网球公开赛等办赛水平不断提高,这些亮色不断刺激着中国的网球消费,网球人口也越来越多,几乎所有的主流媒体都在加大力度报道网球。

比网球更时尚更昂贵的是高尔夫,国内继出版《高尔夫》之类的杂志之后,广东电视台专门开办了高尔夫频道。但随着反腐倡廉的不断深入,我国的高尔夫运动有遇冷调整的迹象,不像足球、篮球、网球那样为政府所广泛提倡,媒体对高尔夫的报道自然有"度"的拿捏。

这一时期,体育"窄播"与明星效应不可分离,体育明星是体育"窄播"的不竭动力。姚明、刘翔、李娜、易建联、丁俊晖等就是中国的体育巨星。姚明支撑了国内体育媒体的主要空间与时间。李娜是继姚明之后中国最具国际影响力的体育巨星,多次登上美国《时代》周刊封面。

在竞技体育的炫目光环下,群众体育报道仍旧作为电视新闻的点缀和报纸新闻的关系稿,显得可有可无。

四、受众概况

体育受众的中心地位开始确立,他们已经学会不受传者控制,而是按照自己的方式参与对体育新闻文本的解读,并以此调理自己的生活。少了一些狂热,但多了一份理性。体育媒体受众呈现出如下特征。

第一,国际化。大学生和一些三四十岁的成年体育迷,是国际体育的坚定拥趸,他们相信,欧美的职业体育较之中国职业体育更健康,水平更高。

第二,地域化。对于不同的项目,受众往往因为地域、情感等诸多复杂因素,在精神与行动上追随某一地域的运动队。如广州恒大足球队不仅仅是广州城市的名片,还因其夺得2013年亚洲足球俱乐部冠军联赛(简称"亚冠")冠军而深受全国球迷爱戴,广州足球一度成为中国足球重新崛起的象征。

第三,功利化。不少体育迷关注体育媒体,并非因为喜欢体育赛事,而是关心自己的足彩或体彩中奖的几率有多大。足彩或体彩新闻是最能给媒体带来收益的新闻,即使从事这一新闻报道的记者、编辑、主持人从未中过奖,也丝毫不影响彩民的孜孜以求。

第四,低龄化。十几岁的体育迷最喜欢追星,他们渴望通过媒体来获得心中偶像的电话、邮箱和签名,这是他们成长必须经历的阶段,也是体育受众长期可持续发展的不竭源泉。

在这一时期,国人除了对世界杯、奥运会保持一如既往的狂热以外,体育迷津津乐道的是国内足球职业联赛、欧洲五大足球联赛、美国NBA、网球四大满贯等,而这些赛事能够井喷般成为受众的观赏对象,其前提条件是国内电视机构纷纷购买了相关赛事的转播权。由于电视体育的勃兴,报纸体育、网络体育等也形成了各自的轨迹,那就是围绕电视体育大做文章,凡是有电视直播的比赛场次,往往也容易成为其他媒体报道体育的热点、重点和焦点,并以此作为议程设置的对象。不同媒体所呈现的同一场体育赛事均不一样,并隐含了各自不同的利益目的。

正如前文所说,正是赛事转播权的出现,直接催生了媒体体育。可见,中国的媒体体育是20世纪90年代的产物。下一章我们将专门探讨当前我国媒体体育的基本现状。

第三章

我国媒体体育的基本现状

第一节 媒体体育生产现状

一、体育新闻是综合性媒体的重要板块

撇开狭义的体育媒体不说,体育新闻或体育活动报道如今已成为综合性新闻媒体的重要组成部分。

早从二十年以前开始,我国的报纸就进入了厚报时代,一期综合性报纸少则十几版,多则几十版,重要节假日甚至可以超过上百版。由于每期报纸太厚,为了方便读者阅读,大多数报纸就不约而同地分成A、B、C、D若干叠,每叠还可以再细分为几小叠,如南方都市报的A叠就通常分为A1、A2叠。版次的编排有一定的讲究,它遵循的是重要性递减的原理,即按照新闻的重要性程度,从重到轻依次排列。现在的通行做法是,每天的新闻按照要闻、时政新闻、民生新闻、经济新闻、国际新闻等先后顺序排列,体育新闻紧随国际新闻之后。上述新闻一般将作为当天最重要的新闻放在A叠,而将区域新闻、娱乐新闻、专题服务等放在其他叠次。由此可见,体育新闻是综合性报纸的重要板块之一。

我国的报刊事业以党报为核心,多品种、多层次纸媒并存。我国的党报一般以"日报"命名,基本都是从中央到地方不同级别党委的机关报。党报的性质决定了党报体育版和党报体育新闻报道的现状。

第一,从机构和媒介性质上说,党报是当今社会的主流媒体,是党、政府和人民群众的耳目与喉舌。党报体育版延续了党报严肃认真的传统风格,与其他报纸体育版相比,党报体育新闻报道具有较强的意识形态性。

第二,从文本上看,体育新闻已成为党报不可或缺的组成部分。在我国,党报报道内容一般分为时政、社会、经济和文体四大板块。这里的"文体",即指文化、娱乐与体育。

第三,从受众上看,综合性报纸体育版的读者可谓"三教九流,无所不包",但党报体育版的读者主要以党政干部、公务员为主,年龄跨度大,文化层次高,社会地位突出,且以男性为主。

第四,从出版周期上看,党报一般是一天一期,其体育新闻的时效性比一周两期或三期的专业体育报要强得多,但由于发行范围广泛,送报线路过长,党报体育新闻比早报、晚报、都市报等市民类报纸体育新闻的时效性稍弱。

第五,从报道篇幅来看,党报一般是对开大报,其体育新闻报道的版面数

媒体体育与体育媒体

和篇幅量不大,大多数党报每天只设一个体育版。与都市类报纸体育新闻报道相比,党报体育版版面数和报道篇幅明显要小。不过,《广州日报》体育版是一个例外,该报一般每天都设三个体育版,这与该报集党报与都市类报纸性质于一身有关。

同样,体育新闻也是电视节目的重要板块。比如,2003 年,电视体育新闻只占国内体育频道节目播出量的 8.7%。从表面上看,电视体育新闻每天的播出量并不大,但其地位不可低估,因为它已经成为不少受众每天必看的节目。央视比较知名的体育新闻节目,有体育频道的《体坛快讯》和《体育新闻》、综合频道的《晚间新闻报道·体育新闻》、新闻频道中午的《体育新闻报道》等。

为了满足观众对于电视体育新闻节目不断增长的需求,电视台综合频道、体育频道和新闻频道开始注重在每天早、中、晚用餐时间和晚上黄金时间,加大电视体育新闻节目的播出比重与密度。以央视为例,除了体育频道增加体育新闻节目档期之外,新闻频道在 13:30 直播《体育报道》节目,00:30 录播《体育报道》节目。综合频道则从 2006 年起破天荒地在《新闻 30 分》、《新闻联播》等重要综合新闻节目中,穿插播出重要或有趣的体育新闻节目。而以前,能够在这些节目中露脸的体育新闻,除非中国队在世界大赛中取得了冠军,或者取得历史性突破。也许,央视的这种做法是效法凤凰卫视、亚洲电视等港澳电视台普遍做法的结果。

电台的新闻节目设置灵活性更强一些,综合频率一般逢正点播报新闻,而体育新闻是正点新闻必不可少的内容之一。电台节目的编排架构与电视台新闻节目大同小异。

在网络新闻频道中,体育新闻也有着举足轻重的地位。在 2010 年腾讯 QQ 开机弹出当日要闻页面中,新闻、财经、娱乐、体育、汽车构成了每天要闻的五大板块,体育名列第四。

同样,以 2010 年新浪新闻频道为例,其板块构成往往由要闻、国内新闻、国际新闻、财经·科技·汽车·房产·地产、娱乐·体育、社会等板块构成,体育新闻本身就是娱乐新闻的一部分,娱乐·体育新闻位居每天新闻频道的第五板块位置。

五年之后,我们再看看 2015 年的新浪新闻频道,不难发现,体育新闻的位置提前了,排在了新闻、军事、社会三大板块之后。因为这几年安倍晋三执掌日本内阁,中日钓鱼岛纷争不断,日本右翼政客否认南京大屠杀,中日关系持续紧张,军事新闻引人注目。在国内,民生问题一直是党和政府关注的重点,所以,社会新闻在各种媒体都属于强档新闻。体育新闻作为老百姓生活中的调味品,地位越发重要了。

二、电视是媒体体育的主要载体

据央视-索福瑞媒介研究公司《中国电视体育市场报告(2004—2005)》称,我国目前体育依托最多的媒体是电视。2003年的调查结果显示,北京、上海、广州三地九成以上居民主要从电视媒体上获得体育信息,近五成居民通过体育报纸和体育杂志获取相关信息,从其他报刊上获得体育信息的比例与通过专业体育报刊获取体育信息的比例相近,从广播电台和互联网获取体育信息的比例占二成左右(见表3-1)。

表 3-1　北京、上海、广州居民获得体育信息的渠道

单位:%

渠　　道	北京	上海	广州	三城市
电视	99.1	97.4	99.0	98.3
体育报纸/体育杂志	47.6	49.6	49.6	49.0
其他报纸/其他杂志	55.3	42.1	47.4	47.6
朋友/家人/亲戚	29.9	17.1	31.4	24.4
广播电台	22.8	21.6	18.8	21.4
互联网	22.6	22.8	15.7	21.2
海报/车身/车站等户外广告	5.4	2.5	16.0	6.4

资料来源:央视-索福瑞媒介研究公司(CSM)

与世界各国的媒体体育一样,我国的电视体育在商业性、时效性、直观性、技术性、艺术性、娱乐性等方面明显优于其他媒体体育形式。媒体体育的最大吸引力就在于电视直播,电视直播首先牵涉到的就是电视转播权,电视转播权需要由商家以商业赞助的形式来花钱购买。如果本地没有电视直播,其他媒体的体育报道就失去了做大做强的基础。电视体育的时效性,除了现场直播以外,从早到晚每天多档体育新闻滚动播出,能够体现这一特性。无论是直播还是事后剪辑,电视画面的直观性和现场感是其他媒体所无法比拟的。从技术层面上说,电视技术是较为复杂的媒体技术。因此,有人说,奥运媒体技术比战争技术还要复杂。这恐怕与奥运转播技术有关。除了高清技术这一新技术之外,电视体育的多机位拍摄与慢镜头重放等传统技术,也是电视体育比现场体育更能吸引人之处。今天的电视体育节目侧重于艺术性和娱乐性,即使在现场直播的间隙,一些媒体也会通过穿插与比赛性质和背景相匹配的MTV节目来烘托气氛,NBA的季后赛转播就是如此。如今的体育专题节目越来越像文艺专题片,解说、图像、音乐、音响等浑然一体,让观众在欣赏的过程中超越胜负,从而尽情地享受闲暇。

媒体体育与体育媒体

今天中国最大的电视体育机构当属CCTV-5,它于1995年1月1日开播,是唯一覆盖全国的体育专业频道,占有全国80%以上的电视体育赛事资源。次一级的电视体育机构当属北京、上海、广东三地的体育频道,因为经济、文化、地缘等优势,各有特色。其他地方的体育频道构成了电视体育的第三梯队。

为了争夺体育赛事资源,打破中央电视台对电视体育的垄断地位,由江苏体育频道、山东体育频道、辽宁体育频道、湖北体育频道、新疆体育频道、江西体育频道和内蒙古体育频道组成的七省体育频道联盟——CSPN(中国电视体育联播平台)横空出世,并于2007年10月1日正式联网播出。CSPN在中国电视界率先实现"中央厨房"制作理念,实现统一采购、统一制作、统一播出的最新模式。即使如此,全国所有的体育频道加起来,整体的实力也抵不过CCTV-5,这就是所谓的"一家独大"。CCTV-5的强大首先是体制因素造成的,比如国家规定世界杯、奥运会等重大赛事的电视转播权只能由CCTV-5独家购买。

在与央视体育频道争夺资源、市场与受众的过程中,CSPN始终处于弱势的一方,这几年CSPN的发展遭遇到瓶颈,各地体育频道频繁加盟或退出这一平台。辽宁体育频道于2010年1月1日退出,湖北体育频道于2010年12月31日退出。2013年11月16日,重庆体育频道加盟。加盟者是为了寻求生机,退出者各有各的理由,有些是由于所在广电集团施行总体改革,有些是由于自身经营不善。当然,退出者也不排除今后重新加盟的可能性。

在电视体育面前,其他形式的媒体体育只能算作寄生虫。因为新闻价值的选择与判断有一条法则,那就是优先考虑新闻的本土性与当地性。对于当地电视台不转播的赛事,当地的报纸也不会大做文章。一般当地广播电台能够直播的赛事,当地电视台也能优先获得转播权。新媒体虽然比广播电台、电视还快,但是新媒体如果没有视频直播,其整合媒体的优势就无从体现。

三、体育媒体之间的竞争日趋激烈

与其他媒体相比,体育媒体的商业化和市场化程度最高。在体育媒体系统内,不同媒体之间的差异化生存特征明显,同质媒体之间的新闻生产、经营与活动竞争激烈。

在各种体育媒体中,电视体育雄霸江湖老大的位置。人们喜欢电视体育的原因很简单,主要是为了观看体育现场直播。虽然电视体育新闻和体育专题节目,以其声画结合的优势,也颇能吸引受众眼球,但现场直播的悬念追问与破解更能抓住人心。其实,电视台播放某场体育比赛的决定性因素,跟这场比赛的精彩程度和吸引人程度有关,但更重要的是,电视台是否有资格和有能力购买这场比赛的电视转播权,是否有商家愿意赞助购买这场比赛的电视转播权。如果没有赞助商和广告商,再精彩的体育赛事也与电视观众无缘。

不过,媒体也有例外的时候,CCTV-5有时候就不按牌理出牌。比如,有时网球大满贯激战正酣,或者NBA关键场次打得如火如荼,该频道不转播这些万众瞩目的比赛,却转播受众人数较少、受众平均年龄较高的乒乓球比赛。这很容易引发舆论的各种猜测。

以电视体育作为目标参照物,其他体育媒体不得不扬长避短来求生存与发展。网络体育和广播体育,则打出"快"字牌,即时快播成为它们的看家本领。报纸一般报道昨天以及当天上午的新闻,它们只能在深度报道和幕后挖掘等方面下功夫。杂志虽然与报纸同属纸媒,但因出版周期比报纸长,必须与报纸错位经营,只能在文章趣味、图片质量、印刷水平等方面下功夫。手机媒体跟互联网的特点类似,它与各种媒体相辅相成,在互动共生效应中,分得属于自己的那一杯羹。

不同媒体之间的差异化生存,一般情况下,能基本保障各媒体"相安无事"。但几乎在每一个中等以上的城市,同质媒体之间相互竞争的硝烟举目皆是。以广州为例,央视体育频道、广东体育频道、广州竞赛频道"三足鼎立";《广州日报》、《南方都市报》、《羊城晚报》"互不相让",各自体育版的优劣直接影响整个报纸的成败。

第二节　媒体体育文本现状

一、媒体体育的常见题材

与美国体育媒体广泛报道竞技体育、学校体育、社会体育和体育产业不同,我国的体育报道往往只报道竞技体育。原因是多方面的,其中最主要的原因,还在于我们的学校体育、社会体育水平不高,体育产业市场发育不良。这样一来,对群众体育的发展就更加不利。

在我国,足球、篮球、网球、斯诺克等项目最受受众青睐,也是报道的重点。其中,足球报道一直处于重要位置。从某种意义上说,中国的体育报道实际上是一条以足球报道为主、其他体育项目报道为辅的体育新闻报道之路。为什么足球报道如此热门呢?

西方分析家认为,科技、阴谋、毒品、宗教、足球植根在我们的生活之中,这

媒体体育与体育媒体

些东西的力量远远超越了任何人类统治者的权限,它们才是世界真正的统治者。① 其中,分析家 Martin Brookes 陈述了足球统治世界的理由。他从科学家改行当作家,是曼彻斯特联队的终身支持者。

Martin Brookes 认为,足球统治世界,是因为它触及了世界的每个角落。它是真正世界性的语言,可以跨越疆界、种族、阶级、国家。对全世界不计其数的球迷而言,足球是一种文化、哲学,使他们的生活具有意义,满足了人类对个性和归属感的需求;它是善的来源,建立在高贵的道德传统之上,培养忠诚、正直、诚实和合作精神。足球对各行各业的人有着普遍的号召力,它是希望的象征,是国家骄傲的遗迹。最后,足球是一种真正的全球现象,有无与伦比的凝聚力,因此,它统治着世界。

新华社记者马邦杰(2006)认为,在英国,足球赋予人们一种归属感和神秘的终极崇拜意识,在尼采宣布"上帝死了"之后,足球俱乐部在英格兰就成为社区新的教堂。② 社区足球俱乐部是来自全国各地的人们的共同精神维系,同一社区的居民支持同一支球队,能让居民之间迅速融合成一个新的生活共同体。很多英格兰人不再信教,不再去教堂聆听圣谕,但他们每周去足球场,足球就是他们的新宗教。只要他们开头支持了某一支球队,即使这支队伍水平再差,他们也会矢志不渝。在英格兰这块弹丸之地,如今仍有 2000 个足球联赛和 40000 个足球俱乐部,遍地都能看到足球的影子。

可以说,正是基于以上理由,足球在全世界范围内具有很多受众,在体育新闻传播中当然也会占据一个极其重要的位置。

现阶段,在中国能够与足球影响力一争高下的,显然就是篮球。关于两者谁是中国第一运动,近年来也颇有争议。英国著名报纸《卫报》曾做过一个调查报道,根据他们的调查,现在中国有整整 3 亿的篮球人口,这个数字是足球的整整两倍。说篮球在中国能超越足球是因为姚明一个人,那可能是过于夸张了。但如果非要在中国评选一个"篮球推广的最大功臣",姚明实在是当之无愧。如果不是因为姚明在 2002 年当选历史上第一位没有美国篮球背景的状元秀,篮球在今时今日的中国,也不可能如此受欢迎。因此,文中认为,在中国,篮球已经成为毫无争议的第一运动,2002 年,小巨人姚明登陆 NBA 当选状元秀,确实激发了公众对 NBA 以至 CBA(中国男子篮球职业联赛)的关注,更因此培育了数量庞大的篮球迷,篮球在中国的影响也越来越大。

至于篮球是不是中国的第一运动,还需要用更多的数据来说话。但不可

---

① 宇译.谁主宰我们的世界.南方都市报[N],2005-11-27(B4).
② 马邦杰.告诉你一个真实的英超:英国人心中的足球宗教[EB/OL].http://news3.xinhuanet.com/sports/2006-01/11/content_4038611.htm,2006-1-11.

否认的是,单从运动人口来看,中国民间的篮球运动者肯定远远超越足球运动者,当然这与篮球场多于足球场有很大关系。不过无论如何,我们都可以肯定,一个偶像的诞生确实会推动一个产业的发展,带动一种运动的普及。在体育领域,偶像对于年轻人的示范与推动力量着实惊人。

从某种意义上说,体育新闻报道其实就是体育偶像报道。近二十年来,足球领域的罗纳尔多、巴乔、小罗纳尔多、贝克汉姆、C罗、梅西、卡卡等,篮球领域的乔丹、科比、詹姆斯、姚明等,网球领域的桑普拉斯、阿加西、费德勒、纳达尔、库尔尼克娃、莎拉波娃、李娜、威廉姆斯姐妹等,田径领域的刘翔,高尔夫领域的泰格·伍兹等,游泳领域的索普、菲尔普斯等,跳水领域的伏明霞、郭晶晶、田亮等,斯诺克领域的奥沙利文、丁俊晖等,长期充斥着媒体版面。

中国体育受众追捧体育偶像的潜规则,并非仅仅以成绩论英雄,关键还要看男帅女靓,或者有型,敢于大胆出位。男女体育明星之间如果有绯闻,那更是体育娱乐化的好题材。如果单论明星,中国乒乓球队、中国羽毛球队可谓明星云集,但这两支队伍所有人的新闻加起来,敌不过曾经的中国跳水队的"亮晶晶"(即田亮与郭晶晶)这一绯闻组合。即便后来两人各有恋情,也仍然长期占据体育新闻甚至娱乐新闻版面。包括郭晶晶与香港富豪之子霍启刚的恋情,田亮与超女叶一茜的恋情,都被媒体津津乐道。

二、媒体体育的赛事再现

赛事传播是体育新闻传播的重头戏,媒体不会随便报道一般体育赛事,而是在具有娱乐价值的基础上选择可用于报道的体育项目。电视媒体更要考虑所传播的赛事能否凸显胜利感和英雄感,以便符合那些购买广告时间的赞助商的利益。

杰·科克利(1998)认为:研究表明,美国媒体体育强调动作、竞争、最终分数、成绩统计、纪录、核心运动员和赛事、抱负、英雄行为,以及运动员的情感和个性。[①] 在这方面,中国媒体与美国媒体的价值取向基本相同。为了满足受众和赞助商、广告商的利益,体育赛事的图像和信息能够被媒体尽可能多地再现出来。

从历时性要素看,体育赛事报道一般分为赛前、赛中、赛后三个阶段,而不同的媒体对于一个赛事不同的阶段报道又各有侧重。第一,依据赛事类型进行报道策划是报纸赛事报道的前提;第二,通过编前会讨论赛事报道要点是赛事报道的关键;第三,明确报道分工与掌握新闻写作图式是赛事报道的捷径。

---

① 杰·科克利.体育社会学——议题与争议[M].管兵,等,译.6版.北京:清华大学出版社,2003,481.

十几年来，我国的体育媒体对于重要体育赛事报道，实行的是单场比赛整体（整版）报道，并逐渐形成一种模式。在电视中，新闻、专题和现场直播报道"三位一体"，现场直播是重头戏，赛前与赛后都会播报消息，赛后还会根据直播录像进行剪辑，编辑出集锦类的专题节目。如CCTV-5的《天下足球》与《足球之夜》就是典型的专题节目，前者针对外国足球，后者针对中国足球，历经多年而不衰。

报纸对于重要的单场比赛往往实行整体（整版）报道。如果是对开报纸，往往用上半版或下半版的整体篇幅进行报道。如果是四开报纸，则有可能用全版进行报道。根据本人多年的观察与研究可知，如今的单场比赛整体（整版）报道已经形成了一种模式：消息必不可少，特写吸引眼球，发布会例行公事，专访比较困难，数据一目了然，评论画龙点睛，广告体现个性，照片最能传神，首配特写，次配消息（见图3-1）。

图3-1　南方都市报（2007年3月23日）CBA总决赛首场比赛整版报道

通常情况是，假如一名受众头天看过现场比赛，亲历过跌宕起伏的比赛全程，一旦他读了次日的报纸报道，那么，这名亲历者对于比赛的看法就可能随着媒体的报道而改变了，他会很难保持自己此前的看法。因为比赛的消息，虽然看起来只是对于胜负的客观报道，但是，从哪个角度去报道大有讲究。比如，2001年世界杯外围赛，中国国家足球队主场10比1大胜马尔代夫国家足球队。从比分上看，这是一场大胜，值得大书一笔。但是，比赛次日的《足球》

报和《体坛周报》都从失球的角度入手报道这场比赛,就意味着这则消息是从隐性批评角度入手的。其背后的原因在于,马尔代夫是一个弹丸小国,其国家足球队基本是一个临时拼凑的大杂烩,整个队伍基本上是由警察、学生、修鞋匠、渔民等三教九流人士临时拼凑而成的,几乎没有一名职业球员。这样不入流的队伍都能客场攻破中国队的大门,中国队如果碰上一支强敌,则将是什么结果?"角度决定主题",这是新闻记者的口头禅。重要比赛一般都有配置评论的习惯,而评论不同于消息,消息强调冷静、客观,评论则可以直抒胸臆,直接影响读者。

电视的威力就更不用说了,也许电视的消息与报纸的消息类似,力主公正、客观,少加个人意见。但是,电视现场直播中的解说评论就极富个性,而专题节目中也很容易穿插编辑的观点与思想。因此,"我们有充分的理由相信,人们关于体育的观点在很大程度上是根据媒体体育中描绘的形象和信息塑造的。而且,此形象和信息下的主题也造就了我们关于整体社会关系和社会生活的观点。换句话说,文化意识形态是蕴含于媒体报道中的"[①]。

三、媒体体育的主题建构

与美国的媒体体育一样,我国的媒体体育也习惯于塑造成功、男性霸权、国家与民族认同、团队协作、消费主义等主题。但是,美国的媒体体育还有意无意强调种族主义、竞争个人主义、心理和生理上的攻击性等主题,而我国的媒体体育对这些主题则较少涉猎。

在成功主题塑造方面,我国的媒体体育习惯于以成败论英雄。英雄神话是世界上最常见、流传最久远的神话。青少年最崇拜英雄,因为"英雄神话能帮助个人培育他们的自我意识,让他们在长大之后能够处理难题"[②]。媒体也很注意设置这样的议程,冠军等于英雄。凡是在奥运会上获得了金牌的运动员,都是最大的成功者。这方面与美国的媒体体育高度相似,现在美国的电视体育比以往更强调赢家、输家和最终得分,甚至银牌都被理解为最多只是一种安慰奖,而铜牌则几乎不被议论,有时甚至不再进行争夺第三名的比赛[③]。所以,自1984年洛杉矶奥运会开始,此后每一届奥运会开幕后,谁能为中国代表团夺得首金的问题,对于民众来说是一种悬念,但对媒体和商家来说,就是一

[①] 杰·科克利.体育社会学——议题与争议[M].管兵,等,译.6版.北京:清华大学出版社,2003:482.

[②] 阿瑟·阿萨·伯杰.媒介分析技巧[M].李德刚,等,译.2版.北京:中国人民大学出版社,2005:113.

[③] 杰·科克利.体育社会学——议题与争议[M].管兵,等,译.6版.北京:清华大学出版社,2003:483.

种普遍合谋的议程设置。

然而,奥运会毕竟四年一次,时间跨度太长,媒体体育继而追寻中外职业联赛中的明星、英雄和偶像,强调竞争、支配和最终得分。一旦偶像运动员退役了,如果他们可以通过从政、经商甚至嫁入豪门等多种方式,来延续自己的辉煌,则在媒体眼中同样也是一种成功。在我国人数有限的偶像级体育明星中,从政的邓亚萍、熊倪、王楠,经商的李宁,从教的许海峰,嫁入豪门的伏明霞、杨扬、张怡宁、郭晶晶,等等,在受众看来,他们永远都是成功者。我国过往运动员中最成功的当属李宁,他的李宁体育用品公司已成为国际闻名的运动品牌公司。现在的运动员中最成功的当属姚明,他作为NBA一线国际巨星退役之后,华丽转身成为上海大鲨鱼篮球俱乐部的"姚老板",同时还是一位富有社会责任感的慈善家。

在男性与女性的主题塑造方面,我国的媒体体育基本秉持了"只有男性体育才是真正的体育"这一西方人普遍的看法,默认只有男子体育才可能体现男子汉气概。比如,一说到中国足球队、中国篮球队等体育国家队,就是指中国男子足球队、中国男子篮球队等,绝不是指中国女子足球队或中国女子篮球队。论成绩,中国女子足球队先后于1996年荣获奥运会亚军、1999年荣获女足世界杯亚军,中国女子篮球队在1992年荣获奥运会亚军。中国女队的成绩远远好于男队,但是,媒体往往对于女队的这些辉煌历史视而不见,却更对姚明带领中国篮球队先后打入世锦赛和奥运会前八名,以及对中国足球队进入2002年世界杯足球赛,虽然最终名列全部32支球队的最后一名,仍有着如数家珍般的浓厚兴趣。可见,男性主题其实就是一种霸权主题。

当然,由于实行举国体制的原因,中国在奥运会上的崛起是从中国女子运动员开始的。中国女子排球、中国女子足球、中国女子乒乓球、中国女子举重、中国女子羽毛球、中国女子跳水、中国女子网球、中国女子曲棍球、中国女子游泳等项目,都具有世界级水平(见表3-2)。

表3-2 中国代表团在历届奥运会上所取得的金牌数列表

届次	男	女	羽毛球男女混双	总计
1984年第23届奥运会	10	5		15
1988年第24届奥运会	2	3		5
1992年第25届奥运会	4	12		16
1996年第26届奥运会	7	9		16
2000年第27届奥运会	11	16	1(张军、高凌)	28
2004年第28届奥运会	12	19	1(张军、高凌)	32
2008年第29届奥运会	24	27		51

续表

届次	男	女	羽毛球男女混双	总计
2012年第30届奥运会	17	20	1(张楠、赵云蕾)	38
总计	87	111	3	201

从表3-2不难看出,中国代表团男选手除了在1984年第23届奥运会获得的金牌数超过了女选手以外,此后历届奥运会均是女选手压倒男选手,女选手总共荣获奥运金牌112.5枚,而男选手总共获得奥运金牌88.5枚。国人将这种现象称为中国体坛的"阴盛阳衰",这也是中国媒体在奥运会大赛期间不敢怠慢女子运动的根本原因。

不过,现在是时过境迁,一方面,中国男女选手在奥运会上分获的金牌数差距在慢慢缩小;另一方面,自从我国在北京奥运会上史无前例地获得了奥运金牌总数第一,以及姚明、刘翔、孙杨、易建联、丁俊晖等具有国际影响的男子体育明星不断崛起之后,国人对于奥运会金牌的热望已开始降温,开始更加重视竞技体育的娱乐效果,而逐渐淡化竞技体育的政治效应。

如果说20世纪八九十年代国内媒体惯于把中国女排、中国女足所取得的辉煌战绩作为国力象征与政治延伸,更多地把女运动员当作国家与民族英雄来看待的话,那么,今天的媒体更加习惯于把女子运动员当作会运动的女人来看,甚至当作一种健美的花瓶来看待,因为伏明霞、郭晶晶的先后走红就说明了这样一个道理:一个女子运动员即使比赛成绩再突出,如果她没有姣好的面容与迷人的微笑,她便不可能成为超级明星和青年偶像。反过来看,中国女子举重队涌现过几十位奥运冠军与世界冠军,她们除了在奥运会期间被媒体作为夺金点分析之外,其余更多时候,她们的名字几乎不被人提起。

事实上,媒体体育一直在自觉或不自觉地将漂亮的女体育明星塑造成"大众情人",当然也是"受众情人",中外媒体概莫能外。格雷姆·伯顿(2005)认为,就女性的视觉再现而言,媒体对体育界的再现所采取的是与对其他领域的再现完全相同的模式,即占主导地位的"男性化凝视"的模式。[①] 另外一位英国美学家也有类似的看法,约翰·伯格(1972)说:"一言以蔽之:男子重行动而女子重外观。男性观察女性,女性注意自己被别人观察。这不仅决定了大多数的男女关系,还决定了女性自己的内在关系,女性自身的观察者是男性,而被观察者为女性。因此,她把自己变作对象——而且是一个极特殊的视觉对象:景观。"[②] 一般来说,体育媒体配发图片也有潜规则,喜欢用男性的集体照来体

---

① 格雷姆·伯顿.媒体与社会:批判的视角[M].史安斌,主译.北京:清华大学出版社,2007:351.
② 约翰·伯格.观看之道[M].戴行钺,译.桂林:广西师范大学出版社,2005:47.

现团队精神与运动技术,用女性的个人照来凸显性感。

在性别主题中,也有特例,那就是李娜。李娜闻名遐迩,不是以性感出名,而是以性格著称。我们一般把姚明视为中国最早拥有国际知名度的体育明星,但是,李娜的国际化程度远远高于姚明,因为李娜的运动成绩要远远高于姚明。如果说姚明充满了东方睿智的话,李娜则是一个叛逆者的形象。这两个极端都是国际媒体特别是西方媒体所喜欢的。姚明既受中国媒体欢迎,也受国际媒体追逐。而李娜恰好相反,跟国际媒体关系很好,却不受国内媒体待见。在国内媒体中,李娜仅仅与央视保持较好关系,但与新华社甚至其家乡武汉的媒体关系紧张。李娜多次登上美国《时代》封面,并被评为世界最具影响力的100人之一,还被英国某调查机构评选为最受世界各国民众尊敬的女性人物,位居中国区排行榜第一。当然,任何任性或叛逆都是需要资本的,这个资本,就是李娜的运动成绩,两次大满贯冠军的身份和世界前二的积分。

在国家和民族认同主题塑造方面,中国媒体堪称个中高手。有几个具有里程碑意义的大事件可以证明。

第一例:从1981年至1985年,中国女排先后连续五次获得世界杯、世锦赛、奥运会等世界大赛的金牌,谱写了中国女排天下无双的"五连冠"时代。在媒体的推动下,无私奉献、团结协作、艰苦创业、自强不息的"女排精神"就成了那个时代的精神,成为全国各族人民的学习榜样。"女排精神"的广为传颂,其实就是在向国人和全世界庄严宣告中华民族崛起的信心和能力。①

第二例:1981年3月20日深夜,中国男子排球队在世界杯排球赛亚洲区预赛的关键一战中,先输两局,奋起直追,扳回3局,终以3比2战胜了当时的南朝鲜(我国于1992年承认韩国)队,取得参加世界杯排球赛的资格。决胜局的最后几分钟,由于中央电视台租用的国际卫星线路时间已到,电视观众并不知道比赛的最终结果。当随后的广播里传出了这一好消息的时候,守候在收音机旁的北京大学的学生们欢跃雀跳,数千名学生不约而同拥出房门,相互欢呼、庆祝,然后游行,喊出了"祖国万岁!""中国万岁!""团结起来,振兴中华!""向我国排球健儿致敬!"等口号。中央级媒体次日刊发了这一重要新闻。从此,"团结起来,振兴中华"这八个字在20世纪八十年代传遍全国,影响了一代青年。2006年12月,北京大学还隆重集会纪念"团结起来,振兴中华"喊响25周年。

第三例:1984年许海峰在洛杉矶奥运会上为中国人获得了第一枚奥运金牌之后,"为国争光"这一词就不绝于耳了。当许海峰创造了金牌"零"的突破

---

① 姗悦.女排精神的诞生[EB/OL]. http://www.qianhuaweb.com/content/2009-01/07/content_42078.htm,2009-01-07.

后,《人民日报》在头版发表了热情洋溢的报道:"29日中午,随着雄壮的义勇军进行曲,鲜红的中华人民共和国国旗升起在奥运会射击比赛场上空,本届奥运会的第一枚金牌产生了……这是一个多么激动人心的时刻,六十一岁的中国体育代表团副团长陈先百感交集,流下了兴奋的眼泪,发奖前,他情不自禁地拥抱了许海峰,并仔细为小许整理好服装。他告诉记者,中国与奥运会金牌无缘的历史从此结束了,一想到这里,心情怎能不激动呢!萨马兰奇通过陈先副团长向中国人民表示祝贺,他说,今天是中国体育最伟大的一天,我很荣幸地在奥运会的第一天把第一块金牌发给中国选手。""许海峰领奖之后对记者说,能够为祖国夺得第一枚奥运金牌,我感到自豪和高兴,这个荣誉归功于祖国和人民……"

1996年亚特兰大奥运会之后,《中国体育报》把中国体育运动几十年来的奋斗历程和辉煌业绩潜心提炼、凝聚和阐发,推出了论中华体育精神的六篇系列文章,由祖国至上、敬业奉献、科学求实、遵纪守法、团结友爱、艰苦奋斗六个方面组成,在社会上引起了极大反响。2000年,时任国家体育总局政策法规司司长谢琼桓对此稍作调整,将中华体育精神归纳为为国争光、无私奉献、科学求实、遵纪守法、团结友爱、顽强拼搏六个方面。① 北京奥运会之后,又有人提出了北京奥运精神,即为国争光的爱国精神、艰苦奋斗的奉献精神、精益求精的敬业精神、勇攀高峰的创新精神、团结协作的团队精神,认为它是中华体育精神的进一步发扬光大。不论何种提法,其中,祖国至上、为国争光的爱国主义精神是第一位的。

单纯的民族主义的体育文本在我国的媒体体育中并不多见。世界上最强调体育与民族性的恐怕要算英国媒体。因为现代体育的很多项目起源于英国,英国人的"体育运动观与英国人的生活方式有密切的联系。事实上,英国人常爱以其他民族的老师自居,是他们将板球、网球和足球等运动传给异邦的"②。

与英国媒体相比,中国媒体在民族主义主题塑造方面态度相对比较温和。我国媒体在体育报道方面,最能体现民族自豪感的项目可能要数乒乓球了,因为在世界范围内,中国乒乓球队几乎没有对手。即使这样,我们的报道也一般不会去伤害别的民族。但是,足球报道是个例外。一旦中国足球队与日韩足球队相遇的时候,就很容易激起民族情绪,媒体就动辄使用"抗日"这一双关语,让人联想起难以忘怀的抗日战争。而中韩之间,本来没有什么民族积怨,

---

① 谢琼桓.中华体育精神是全民族的精神财富[J].求是,2000(21).11-13.
② 尼古拉斯·阿伯克龙比.电视与社会[M].张永喜,鲍贵,陈光明,译.南京:南京大学出版社,2007:30.

但由于中国国家男子足球队曾有一段32年不能战胜对方的"耻辱"记录,以至于媒体长期弥漫着一种不良的仇韩情绪。

在爱国主义的文本再现中,刘翔2004年在雅典奥运会上夺冠后身披国旗的情景,堪称运动员爱国的经典符号,也容易为国人和媒体所接受。新华社记者在相关报道中,通过各种符号再现,建构了刘翔这一国家英雄形象。

110米栏特写:刘翔一声怒吼 东方巨龙横空出世

新华网雅典8月27日体育专电记者杨明　肖春飞　王子江　刘翔凶狠地大叫！刘翔高举"V"手形迅跑！刘翔在以12秒91的成绩,平了男子110米栏世界纪录后,身披国旗,兴奋地连声吼叫！

大家做梦也没有想到,甚至刘翔自己也被这个极限数字所惊倒:12秒91。这是自有人类以来,历史上最快的110米跨栏成绩。今晚,红色的刘翔、红色的闪电,在雅典奥运会田径场七万名观众和数十亿电视观众眼前,一路怒吼,一路狂飙,如同挟裹着上万吨黄色炸药,将欧美人百年来坚不可摧的"黑色碉堡"炸得土崩瓦解！

激情在长天燃烧,刘翔在胜利慢跑。让我们压抑住心头的狂喜,再一次回味刘翔这场横空出世的大战。

距离比赛开始10分钟,刘翔静静地坐在起跑线前,目光投射在眼前十道高高的栏架上。110米外,是那道醒目的终点线;身旁,是七个如狼似虎的强悍对手。

今天的决赛必将十分惨烈。减少了美国老将阿兰·约翰逊"一头虎",但也窜出了法国人多库里"一条狼"。刘翔的竞争对手瞬间突变,意外连着意外,悬念接着悬念。这场高栏上的巅峰对决,不但牵动着13亿中国人的神经,也引起数十亿全球电视观众的关注。

瘦高的多库里,站在刘翔身旁。昨晚,他跑出13秒06的今年世界第二好成绩;今晚,13秒06怕也挡不住"黑马"的狂奔。

第六道上是野心勃勃的美国奥运亚军特拉梅尔,最好成绩13秒08。在去年世界锦标赛上,他战胜刘翔,夺得银牌。半决赛中,他从蛰伏状态突显峥嵘,扬言要染指金牌。

第七道上是古巴的奥运冠军加西亚,他袒露胸毛,镇定自若。一直"阴"到决赛的这位经验最丰富的老将,今天会不会晴天霹雳般炸响,施展一剑穿喉的绝杀？

第二道上是拉脱维亚名将奥里加斯。奥运会前,他和刘翔6次对决,5胜1负,占据心理优势。此人过栏动作快如镰刀割麦,长长的双腿跨栏如蹚平地。

以上四人是刘翔决赛中的对手。前三轮中,谁把实力保留了多少,只有他们自己清楚。决赛前,有的赌博公司开出赔率,押刘翔夺魁,有的则猛赌多库里获胜,加西亚和奥里加斯也是不少人看好的争金人选。

巅峰对决,天下超一流"剑手"血拼雅典,是"中国闪电"炸碎欧美堡垒,还是欧美豪强封阻"黄色闪电"?一场恶战将拉直这天大的问号。

激战即将开始,爆满的七万名观众寂静下来。

发令。起跑。

一次无效,再一次抢跑后,刘翔第三次走向起跑线。他使劲地拍打着两肋和胸口,全力动员起体内最大的能量。

"各就各位"。

刘翔蹲下后,抬头望着眼前的十道栏架,目光中陡然射出浓浓的"杀气"。

一声枪响,炸裂长空。刘翔疾如炸雷,快如电光,起跑反应速度第一快。第一个栏,刘翔已经领先。

前三栏历来是刘翔的"软肋",但今晚,刘翔快如闪电,第四跑道上,已经形成了一支红色箭头。

奥里加斯并不示弱,拼命地追赶。第四栏时,他和刘翔的差距似乎有所缩小。多库里也在狂追,第五栏时,他和刘翔仅差半米。

但是,刘翔不给他们任何机会。慢镜头中,刘翔表情凶狠得令人恐怖。他一栏一吼,像是要把栏架踏个粉碎。

红色的刘翔,在红色的跑道上,再现着《火的战车》的激情,80米之后,优势惊人。

最后一栏后,刘翔已经遥遥领先。红色的刘翔,黄色的面孔,高喊着撞向胜利之线!

12秒91!全场人惊呆了。刹那间,全场爆发出震耳的欢呼声……

刘翔赛后恢复了平静和往日的谦虚:"我今天的起跑非常好,我没有想到自己能跑出这么好的成绩。我把这块金牌归功于祖国和人民。"

这篇文本(略有修改)渗透着典型的爱国主义情怀,但又不同于传统的为国争光的写法,记者运用了各种象征性符号,把刘翔获胜的过程描述得惊心动魄,结尾处借用刘翔的话"我把这块金牌归功于祖国和人民"来为全篇报道点睛,堪称写作范本。

在2010年1月27日的澳网赛场,当中国女子网球金花李娜和郑洁历史性地双双杀入四强之后,她们在墨尔本公园身披国旗的照片(见图3-2),也被世界各大媒体所登载,它昭示着中国女子网球有朝一日可能获得大满贯赛事冠军,而且西方媒体也乐见其成。

再如李娜,以往因其直率个性与口无遮拦经常被媒体批评,2011年夺得法网冠军后,媒体不吝赞美之词,"中国奇迹"、"中国英雄"之类的评价也纷至沓来,李娜的个性也被视为偶像范、真性情。因为李娜实现了中国的突破,她成

图 3-2　李娜(右)与郑洁(左)在墨尔本公园高举五星红旗庆祝胜利

为媒体英雄、公众英雄也就理所应当了。中央电视台新闻联播也打破常规,拿出紧接头条新闻的重要时段对李娜夺冠进行了三分钟的报道,报道以《法国网球公开赛,李娜成就首个大满贯》作为标题,首先是进行了对李娜的采访,接下来则进入颁奖仪式。在这一部分,特别突出了中华人民共和国国歌的播出,这在以往的大满贯赛事中似乎很少见到。镜头给了李娜的面部特写,新科大满贯冠军也在与国歌合唱,这样发自内心的表现,谁还能质疑李娜不爱国呢?

在世界大赛中,运动员身披国旗庆祝的场面,似乎成了惯例,也能打动人心。毫无疑问,媒体将运动员的成绩与所在国的国旗、国歌、国徽等符号挂起钩来,能增加受众的认同感、归属感和团结感。"历史表明,多数国家利用体育或体育赛事,特别是奥运会来实现自己的利益而不是国际交流、友谊以及和平的集体目标……多数国家时常利用运动项目来明确地推进他们的军事、经济、政治和文化目标。"①

其实,不仅仅是中国运动员具有爱国主义精神,绝大部分代表各自国家参加国际体育竞赛的运动员都会有爱国精神。"运动长期以来被团体、组织、城镇和国家用来表达他们的集体情感。任何代表某一特定群体的队伍或运动员,都具有把人们聚集到一起,并在群体成员中创造感情团结的潜力……随着国家边界在人们生活中变得越来越模糊和越来越不重要,世界许多国家的政府正利用运动来提高围绕着对国家的认同的内部团结。"②

在团队协作主题塑造方面,媒体体育几乎不费吹灰之力,就能彰显极佳的

---

① 杰·科克利.体育社会学——议题与争议[M].管兵,等,译.6版.北京:清华大学出版社,2003:519.

② 杰·科克利.体育社会学——议题与争议[M].管兵,等,译.6版.北京:清华大学出版社,2003:513.

传播效果。运动中的团队协作方式很多，比如，在集体项目中，各级各类的国家足球队可以统称为"中国之队"。为了突出主教练的核心地位，如果主教练姓高，其所率领的队伍就叫"高家军"。连体育广告都不忘团队精神，比如"无兄弟不篮球"，就是对于篮球这项集体运动精髓的最好诠释。主力与替补之间，主力得分，替补叫好，这也是团队精神的体现。危难时刻，核心队员轻伤不下火线，这样的特写镜头能够催人泪下。在速度滑冰、长跑等个人争先项目中，队友之间的战术安排与临场配合，关键时刻，要随时"牺牲"自己，成全队友，这最能体现团队精神。在商业开发中，明星运动员同样也不是一个人在战斗，他们都有自己的商业开发团队，如姚明的"姚之队"，易建联的"易之队"，李娜的"娜之队"。孙杨的商业开发没有聘请专业的经纪人团队，而由其家人客串代理，这也导致其赛场外问题频出。中国的儒家文化讲究"和为贵"，而社会主义制度又强调集体主义，这些都为媒体体育塑造团结协作主题奠定了基础。

团队协作与顽强拼搏是一对孪生兄弟，团队精神与拼搏精神合一，往往能产生震撼人心的力量，媒体体育乐于塑造这样的景象。北京时间2009年5月5日，火箭队客场挑战湖人队。姚明第四节在防守科比·布莱恩特突破时被对方撞伤了膝部，姚明随即倒地，并用双手捂住伤处，表情十分痛苦。火箭队队医要求其返回更衣室。但就在去往更衣室的途中，姚明决定立刻重返赛场。这时，现场直播的导播用极其短暂的时间，让镜头离开了球场，而是切换到了姚明在走廊上要求重返赛场的特写画面：姚明让工作人员放手，自己做了深蹲，然后又双手扶墙，右腿快速摆动弯曲。队医琼斯看到这些后，同意了姚明回到比赛场的要求。姚明重新走上赛场后，右腿还是有些不自然，不过他立刻就接罗恩·阿泰斯特的传球在三分线内一步投进一个关键的中投。最后时刻，姚明又凭借稳定的罚球帮助火箭锁定胜局。这样的场景，不仅令现场的美国观众击节叫好，更令无数中国电视观众由衷赞叹。新浪体育评论说："这场比赛，姚明又向世界展示了一名优秀运动员的斗志和坚韧品质。不仅如此，作为火箭队的领袖，在胜负一线之间的时刻，他选择与队友并肩战斗到最后。"

在消费主义主题塑造方面，媒体体育呈现出越来越多的电视时代的商业元素。随着全球化的不断深入，国家边界在逐渐模糊，民族情感也随之淡漠，国际体育更多不是展示民族主义的舞台，而成为大型跨国公司进行商业展示的舞台。如今的国际政治存在着这样一种明显的趋势：国家在全球权力关系中被强大的跨国组织介入。在世界上100个最大的经济实体中，有一半以上是跨国公司，而不是国家。许多跨国公司在经济方面比它们的生产基地所在国还要强大。目前的趋势是，在多数全球运动项目中，国家身份日渐模糊，不少比赛与其说是国与国、队与队的比赛，还不如说是公司与公司的比赛。在很多国际赛场，我们看到的是耐克与阿迪达斯的比赛。所以，西方学者疾呼："我们已经进入了体育中的公司的时代,公司的名称和标识现在已经被认为是体育场景的一部分了。事实上,它们已经被认为是许多人衣服的一部分了,如果这些人不拒绝成为公司的活动广告牌而获得的报酬的话。这就是公司霸权运作方式。"①

有例为证:1998年法国世界杯决赛前夕,"外星人"罗纳尔多经历了人生的重大变故,父母感情不和,女友不忠,而其身体也出现了很大问题,巴西队围绕其能否出场参加与东道主法国队的对决举棋不定,这时,罗纳尔多的赞助商耐克公司却执意要求罗纳尔多出场,以此来保障耐克的投资回报。结果,带病作战的罗纳尔多在举世瞩目的决赛中形同梦游,巴西队最后输掉了比赛。罗纳尔多和巴西队回国后,接受了巴西司法部门的失利原因调查,结果是不了了之。

无独有偶,赞助商与球星之间的利益纠葛还在继续。2014年巴西世界杯金球奖颁授给表现不是最好的梅西,坊间认为,这是赞助商操纵的结果。因为梅西是阿迪达斯的代言人,而阿迪达斯是巴西世界杯的官方赞助商。

对于球员来说,世界杯毕竟是短暂的,而职业联赛才是真正的饭碗。在职业联赛中,阿迪达斯与耐克这两个世界体育品牌死对头同样在利益上争夺梅西,同时也在精神上"撕裂"梅西。

世界杯结束后,梅西在巴萨遭遇到了人生低谷和信任危机。表面上是梅西与巴萨主帅恩里克之间存在矛盾,将帅失和,实际上是两大赞助商在争夺梅西。因为梅西的私人赞助商是阿迪达斯,但巴萨的团队赞助商是耐克,脚穿阿迪达斯鞋、身着耐克衣的梅西,看起来有些怪异。根据民意调查,大约有70%的人认为,梅西更像是耐克旗下的球员,这样,阿迪达斯在赞助梅西时其实并没有得到理想的收益。因为梅西长期效力于巴萨,他身上的耐克球衣,比脚下的阿迪达斯球鞋更引人关注。

其实,从2013年开始,阿迪达斯就无时无刻不在想着"策反"梅西,希望梅西能加盟切尔西、拜仁或者是皇马三家豪门中的一家,而这些俱乐部的球衣赞助商都是阿迪达斯。到了2014年底和2015年初,梅西想离开巴萨改投切尔西的传闻一度到了以假乱真的地步。最后,以恩里克与梅西的将相和以及梅西重新启动进球模式,将这一段传闻暂时归于沉寂。

当涉及国际体育运动时,标识忠诚比国家忠诚更为重要,反过来说,很多运动员是为了赞助商出战,而不是为了国家出战。其中,刘翔在北京奥运会上退赛就是典型的例子。根据舆论分析,刘翔在北京奥运会之前,其伤情就十分

---

① 杰·科克利.体育社会学——议题与争议[M].管兵,等,译.6版.北京:清华大学出版社,2003:440.

严重,如果他赛前宣布不参加北京奥运会,相信国人和媒体都能体谅,但刘翔直到比赛开始后,才不得不退出比赛。舆论和公众不得不怀疑刘翔不是为了国家利益出战,而是为了他所代言的各种大小广告商、赞助商的利益出战,将商家的赞助损失减少到最低限度,因为他多坚持在媒体上曝光一分钟,就意味着那些赞助商的利益多放大一分钟。最终导致国人的期望幻灭,刘翔的公众形象和国家体育总局田管中心的社会信誉大打折扣。

自伦敦奥运会之后,刘翔就一直忙于疗伤,也一直坚称要复出。终于在2014年,刘翔有重磅消息发出,不过那不是赛场复出,而是以令人猝不及防的速度,公布了他领取结婚证的信息,同时表示要适时复出。2015年2月1日,在2014年度体坛风云人物评选颁奖典礼上,央视主持人张斌透露信息说,评委会曾邀请刘翔以颁奖嘉宾身份出现盛典,被刘翔婉拒了。在节目直播过程中,张斌隔空喊话,希望刘翔出席本年度在北京举行的田径世锦赛,然后再仿效李娜,在家门口举办一个隆重的退役仪式。事后,刘翔同样表示,不会在北京世锦赛复出。于是,有媒体评论说,刘翔可以随时退役了,不必在乎什么仪式。我们不清楚刘翔对于其自身有无信心,但公众和媒体似乎对刘翔渐渐失去了信心和耐心。在这种背景下,刘翔、媒体和公众之间,仍旧继续在相互消费着。也许,这就是一种体育、娱乐与商业混合运营的法则,也是一种媒体经济。

在当今媒体的眼中,观众不仅仅是普通的市民,他们更是商业价值的消费者,也是一种商品。"伴随国际体育运动的信息不是爱国主义和民族主义,而是强调地位意识和个人消费……如果观众和媒体受众不是潜在消费者,公司就没有赞助运动项目的理由。"[①]今天,跨国公司的影子无处不在,它们利用体育展现强调通过竞争、生产和消费而获得个人成功的图像和信息,它们除了借助媒体推销产品之外,还在推销一种基于消费的生活方式。在这种背景下,奥运会不再神圣,而是变成了一个媒体文化和商业主义联合上演的大杂烩,是一个每隔四年就尽最大可能大赚其钱的商业实体。世界杯赛更是如此,1998年世界杯决赛巴西队对阵法国队,罗纳尔多赛前生病,本应休息,但是在赞助商的施压下,他只能上场"梦游",致使巴西队最后憾失冠军。事后,舆论并没有责怪罗纳尔多,而是把矛头直指耐克公司。英国著名体育记者克雷格·麦盖尔(2002)认为,从法律角度公正而言,并没有任何证据表明耐克公司干预了此事。但是许多人还是会感到,耐克公司事实上已经沾上了丑恶的污点。[②]

---

① 杰·科克利.体育社会学——议题与争议[M].管兵,等,译.6版.北京:清华大学出版社,2003:524.
② 克雷格·麦盖尔.足球潜规则[M].谷兴,译.哈尔滨:哈尔滨出版社,2004:105.

在媒体文化和消费社会交互背景下,连一向正统的中央电视台也按捺不住,成了体育消费主义的急先锋。比如,李宁体育用品有限公司(简称"李宁公司")并非奥运会的赞助商,按规定不能进入奥运赞助序列,但是,在央视体育频道下属的中视体育公司的运作下,李宁公司与CCTV-5密谋协商,采取打擦边球的方式,出现在奥运节目中。具体做法是,李宁公司以包装CCTV-5为名,给CCTV-5旗下的中视体育公司缴纳一笔价值不菲的赞助费(据说是5000万元人民币),而CCTV-5自2007年1月1日起至2008年12月31日止,两年内播出节目的主持人和出镜记者必须在他们的胸前服装上佩戴李宁牌产品的LOGO标识,如果主持人和出镜记者一次不戴,则罚款200元,其传播效果是观众误以为李宁是奥运会的赞助商,而真正的体育服饰赞助商阿迪达斯等公司的利益却受到影响。李宁公司在央视的贴牌,加上李宁本人最后在北京奥运会开幕式上别出心裁的点火,使得李宁产品的国际知名度一下大增。据美国市场研究机构的报表统计,李宁公司在2008年一跃升为全球第四大体育用品产业公司,排在耐克、阿迪达斯和彪马之后。相反,阿迪达斯作为北京奥运会的合作伙伴,缴纳了3000万美元的赞助费,但它在中国消费者的印象中,仿佛还不如李宁产品的曝光率高。奥运会之后,CCTV-5主持人和出镜记者又开始佩戴361°企业标识了。

第三节 媒体体育消费现状

随着改革开放的不断深入,我国的经济与社会发展取得了举世瞩目的成就,居民家庭收入稳定增长,精神文化生活日益丰富,生活质量明显改善,消费结构日趋优化。体育消费作为衡量一个国家或地区媒体体育发展状况的一个重要指标,是社会消费结构、消费意识及消费倾向逐渐向高品质生活方式发生转变的突出反映。人作为媒体体育的消费主体即媒体体育受众,在这一转变过程中扮演着十分重要的角色。下面从媒体体育消费者角度出发,对媒体体育消费者的体育素养(主要为体育意识)、主体特征和行为特征进行解析。

一、媒体体育消费者的体育素养

我国目前正在由体育大国向体育强国的目标迈进,要实现这一目标,仅仅靠政府、媒体的努力是远远不够的,还必须提高全社会民众的体育素养。因为任何一项社会事业的发展,与社会上价值观念和文化心理的支撑息息相关,我国媒体体育要坚持以人为本的科学发展,就必须提高媒体体育消费者(即媒体体育受众)的体育素养。

体育素养实际上就是体育文化水平,它主要包含体育意识(了解体育运动的意义和作用,具有参与体育运动的欲望和要求)、身体基本活动能力、基本运动能力、基本体育知识,以及从事身体锻炼、身体娱乐与欣赏体育比赛的能力等。其中,体育意识是体育素养中最为本质的一个部分。由于体育素养及体育意识所包含的范围很广,这里通过中国媒体体育消费者的体育需求、体育消费和对体育项目的认知等方面,来对中国媒体体育消费者的体育素养进行总体性的描述。

(一)媒体体育受众的体育需求:七成以上的人不同程度地对体育感兴趣

2008年的北京奥运会虽然早已落下帷幕,但是中国人对体育运动的热情有增无减。此前,央视-索福瑞媒介研究公司进行的调查(2007—2008年春)显示,约有70%的人在不同程度上对体育运动感兴趣(见表3-3)。

表3-3 不同性别、年龄人群对体育的感兴趣程度

单位:%

感兴趣程度	合计	性别		年龄			
		男	女	15~24岁	25~34岁	35~44岁	45~54岁
一点都不感兴趣	25.5	21	30.4	19.1	23.2	27.6	29.8
有一点感兴趣	36	33.7	38.6	32.4	37.4	37.8	34.8
比较感兴趣	30.3	35	25.1	35.5	30.9	27.8	29.1
非常感兴趣	7	9.2	4.5	12	7.6	5.1	5.1

资料来源:央视-索福瑞媒介研究公司(CSM)

(二)媒体体育受众的体育消费结构整体不均衡

我国居民每年参与体育活动的花费不等,但总体体育消费水平不高。中国媒体体育受众的体育消费结构整体不均衡:超过25%的媒体体育受众几乎没有体育消费,5.4%的人的年体育消费却在2000元以上,而2000元比五六年前中国城镇居民的平均月工资还要高。央视-索福瑞媒介研究公司进行的调查(2007—2008年春)显示,近50%的人没有体育相关的消费或消费在100元以下(见表3-4)。

表3-4 人们参与体育活动的花费

收入/(元/年)	合计/(%)
100以下	21.3
101~500	24.8

续表

收入/(元/年)	合计/(%)
501~1000	14.2
1001~2000	6.9
2000以上	5.4
没有相关花费	27.4

资料来源:央视-索福瑞媒介研究公司(CSM)

目前,我国还处于社会主义初级阶段,居民的经济收入和消费水平整体尚不高。对于一般工薪阶层或农村家庭来说,经常参与体育活动需要一笔不小的支出,这就导致中国人的平均体育锻炼水平和参与度不高。但是,体育的魅力又使人们无法抵挡它的诱惑,于是,只好选择通过媒体来了解体育、认识体育,借此作为一种精神上的弥补。其中,观看电视体育节目成为体育休闲活动当中既简便易行又花费低廉的一种。央视-索福瑞媒介研究公司进行的(2007—2008年春)显示,85.4%的人没有现场观看过比赛,只有少部分人才有机会到现场观看体育比赛(见表3-5)。

表3-5 人们现场观看体育比赛的次数

观看频次	合计/(%)
21次及以上	0.2
11~20次	0.1
5~10次	1.6
1~4次	12.7
没有现场观看过比赛	85.4

资料来源:央视-索福瑞媒介研究公司(CSM)

在人们参与各项体育活动的频率的调查中,笔者发现人们不参与的项目排行前三位的是足球(90.1%)、桌球(87.4%)、篮球(82.8%)(见表3-6)。而在中国人非常感兴趣的体育项目中,足球和篮球占据前两位。这种"非常感兴趣但不参与"的现象表明了我国的媒体体育受众的消费特点,即对体育运动很感兴趣,但因为时间、地点、经济、技术等客观条件制约,很少甚至无法亲自到现场观赛或者亲身锻炼。

表 3-6　人们参与各项体育活动的频率

单位:%

项目	每天/每两天一次	每星期至少一次	每月至少一次	每月不到一次	不参与
羽毛球	2.3	13.8	12.3	11.2	60.4
自行车	2.9	5.3	4.5	4.5	72.9
游泳	0.7	2.2	3.1	4	73.2
乒乓球	1	3.9	6.3	15.7	78.6
篮球	0.2	0.6	1.1	2.7	82.8
桌球	1.8	5.3	6.6	7.7	87.4
足球	0.1	0.4	0.6	2.1	90.1

资料来源:央视-索福瑞媒介研究公司(CSM)

(三)媒体体育受众对主要项目的认知:对足球的认知度高于对篮球的认知度

在我国电视观众的项目认知方面,中国的传统优势项目如乒乓球、游泳、羽毛球是人们感兴趣程度最高的几个项目,其次是篮球、跳水、体操、排球、足球等项目。在人们非常感兴趣的体育项目中,足球、篮球、乒乓球排在前三位。在央视-索福瑞媒介研究公司进行的调查(2007—2008 年春)中,对比北京、上海、广州电视观众对足球和篮球的感兴趣程度,我们可以发现,人们对足球的感兴趣程度还是超过了篮球。31.3%的人对足球非常感兴趣,而只有20.9%的人对篮球非常感兴趣(见表 3-7 和表 3-8)。

表 3-7　北京、上海、广州电视观众对足球感兴趣的程度

单位:%

兴趣程度	北京	上海	广州	三城市
没兴趣	17.2	12.5	19.3	15.5
有一点兴趣	21.9	24.8	23.7	23.6
比较感兴趣	31.7	27.7	30.2	29.5
非常感兴趣	29.3	35.0	26.8	31.3

资料来源:央视-索福瑞媒介研究公司(CSM)

表 3-8　北京、上海、广州电视观众对篮球感兴趣的程度

单位：%

兴趣程度	北京	上海	广州	三城市
没兴趣	21.7	21.3	24.3	22.1
有一点兴趣	24.2	28.5	29.9	27.4
比较感兴趣	30.6	30.7	25.4	29.5
非常感兴趣	23.4	19.3	20.5	20.9
不知道		0.2		0.1

资料来源：央视-索福瑞媒介研究公司（CSM）

尽管中国足球长久以来备受国人的质疑和指责，中国足球发展缓慢，中国男子足球国家队屡败屡战，但是人们对其依旧热情不减。有39.0%的调查者完全同意"足球在中国是一项很有发展前景的运动"这一观点（见表3-9）。尽管不少人多次发誓不再看中国足球，但当中央电视台一旦不转播中国足球队的重要比赛，就会招致舆论和公众的谴责。

表 3-9　北京、上海、广州电视观众对足球的认识"完全同意"的排名前三位的观点

单位：%

观　点	完全同意
足球是大众的体育项目，吸引任何年龄观众的观看	53.9
足球是一项在中国很有发展前景的运动	39.0
足球是时尚的体育项目	29.5

资料来源：央视-索福瑞媒介研究公司（CSM）

在篮球领域，中国巨人姚明在2002年登陆NBA之后，不光在国内家喻户晓，在国际上的名声也越来越大。2007年，易建联也成功地进入了NBA。过去十几年来，他们俩不仅广为国人所熟知，而且成了NBA的中国符号。姚明更是成为中国人心目中的一大偶像，成为现代许多青年人效仿的榜样。这要归功于姚明高超的球技、谦和的性格与爱国的情怀。因此，40.4%的人对于篮球的认识最为同意的首要观点就是：中国拥有著名的篮球球星/健将（见表3-10）。

表 3-10 北京、上海、广州电视观众对篮球的认识"完全同意"的排名前三位的观点

单位:%

观　　点	完全同意
中国拥有著名的篮球球星/健将	40.4
篮球是一项在中国很有发展前景的运动	39.3
篮球是大众的体育项目,吸引任何年龄观众的观看	37.5

资料来源:央视-索福瑞媒介研究公司(CSM)

二、媒体体育消费者的主体特征

媒体体育消费者的市场规模是随人口结构、体育设施、体育服务、体育项目等体育环境的变化而变化的,且具有典型的年龄、性别、职业、文化程度等特征。成年男性和高学历、高收入群体构成了媒体体育的重要消费主体。

(一) 从性别和年龄方面看,成年男性是媒体体育的消费主体

央视-索福瑞媒介研究公司进行的调查(2007—2008 年春)显示,男性对体育的感兴趣程度明显高于女性。电视体育节目的观众中七成为男性,只有三成为女性(见表 3-11)。成年男性特别是一家之长,由于社会性别、家庭角色、观看权力与习惯等因素影响,他们在家观看体育比赛一般很专注,不希望被打扰,因此,他们控制着遥控器,这种家长制的做法有时会给家人带来挫折感。调查还显示,随着年龄的增长,观众对电视体育节目的收看有越来越积极的趋势。近五成观众的年龄在 45 岁以上(见表 3-12)。

表 3-11 不同性别观众收看电视体育节目的比例

单位:%

性　　别	合计
男	68.2
女	31.8

资料来源:央视-索福瑞媒介研究公司(CSM)

表 3-12 不同年龄观众收看电视体育节目比例

单位:%

年　　龄	合计
4~14 岁	4.3
15~24 岁	13.3
25~34 岁	15.7

续表

年　　龄	合计
35～44 岁	17.5
45～54 岁	21.5
55 岁以上	27.7

资料来源:央视-索福瑞媒介研究公司(CSM)

(二) 从学历、收入和职业方面看,高学历者、高收入者、学生成核心消费群

人们对体育的感兴趣程度与受教育程度和收入水平密不可分。受教育程度越高、家庭平均月收入越高的人群,对体育"非常感兴趣"和"比较感兴趣"的比例越高(见表 3-13)。

表 3-13　不同受教育程度、收入人群对体育的感兴趣程度

单位:%

感兴趣程度	受教育程度			家庭平均月收入			
	初中及以下	高中	大专及以上	0～1200 元	1201～1700 元	1701～2600 元	2600 元以上
一点都不感兴趣	33.3	24	20.2	31.6	28.8	23.3	19.4
有一点感兴趣	35.3	38.3	33.8	34.4	39	38.9	33
比较感兴趣	23.1	29.7	37.7	26.2	26.4	31.7	36.3
非常感兴趣	5	7.4	8.2	5.1	4.9	5.4	10.6

资料来源:央视-索福瑞媒介研究公司(CSM)

在电视体育节目观众中,受教育程度较高的观众更加关注体育节目。高中以上受教育程度的观众约占 55.3%(见表 3-14)。

表 3-14　不同受教育程度观众收看电视体育节目的比例

单位:%

受教育程度	合计
小学及以下	13.2
初中	31.5
高中	34.7
大学及以上	20.6

资料来源:央视-索福瑞媒介研究公司(CSM)

学生是电视体育节目观众的重要构成部分。学生在电视体育节目观众中占 1/5 以上,是所有节目平均值的 1.7 倍(见表 3-15)。

表 3-15　不同职业观众收看电视体育节目的比例

单位:

职　　业	合计
干部/管理人员	4.3
个体从业者	13.3
专业/技术人员及一般职员	15.7
工人	17.5
学生	21.5
退休/无业	27.7

资料来源:央视-索福瑞媒介研究公司(CSM)

三、媒体体育消费者的行为特征

媒体体育消费群是我国社会中一个极为松散而庞大的群体,其核心消费群体为电视观众或体育迷,因为"'真正'的受众不是坐在体育场内的那些观众,而是广大的电视观众"[①],他们的行为在本质上说,既是一种观赏休闲方式,也是一种媒体消费方式,与我国的政治、经济、文化等生态环境因素息息相关。

(一) 行为自由性

2012 年伦敦奥运会比赛设有 26 个大项、300 个小项,而早在 2010 年,在电子竞技运动被认可为我国的正式体育项目之后,加上非奥运项目,国家体育总局当年承认的运动项目已经达到了 99 项之多。任何项目都是从玩耍(play)到游戏(game),再到竞技(sport)这样一个由低到高的漫长过程发展而来的。如此多的比赛项目在电视上播出的时候,各有各的魅力,也各有各的收视群体,不同的电视体育节目吸引不同的收视群体。无论是在年龄、地域、性格、性别还是受教育程度上,电视体育观众都存在很大的差异性,他们的电视观赏行为都是他们自由选择的结果。

西方研究休闲问题的学者福勒斯代认为:一个人选择自己的休闲方式,也就是选择自己的生活方式。休闲本身就是一个多元的文化选择过程,作为个体的休闲并不是那么有规律,甚至是散漫多变而难以捉摸的。与平常的工作相比,休闲生活是一种充满了非理性特质的生活,它不受社会行政控制,是一

---

① 格雷姆·伯顿.媒体与社会:批判的视角[M].史安斌,主译.北京:清华大学出版社,2007:344.

种释放单调工作压力的个性化生活。只要不触犯法律,不侵犯他人的权利与尊严,休闲生活可以为所欲为。也正是由于这种价值选择的非理性和多元性,人类历史发展到今天,各项休闲活动已远非相对于工作的休息所能概括,它凝结了更广泛的社会内涵:既具有消除疲劳、乏味和孤独的消遣意义,也具有寄托复杂精神情感需求的观念意义,还具有实现多元自我和造就全面发展的人的终极意义,甚至具有防病治病的医疗意义。

作为电视体育观众,他们可以自由选择不同的电视体育节目内容,可以选择新闻来了解体育大事、获取信息,也可以观看转播来欣赏比赛过程、学习运动技巧,还可以收看体育专题、娱乐节目来放松身心。他们可以自由选择不同的电视体育观看方式,有人热衷于呼朋唤友一起看球,有人则喜欢独自欣赏;有人关心胜负,有人注意技战术发挥;有人在家里安安静静看球,有人则要到酒吧看球,大呼小叫;有人走马观花式地看比赛置身事外,有人一定要为自己设定假想的主队才觉得有意思。

当然,电视体育迷的休闲生活除了要在法律允许的范围内活动之外,还要遵守社会公德、大众传媒、民间口碑、生活榜样、民族习俗、宗教信仰及亲情面子等因素的软性规范。这些软性规范不具有强制性,单凭它去约束人们的休闲行为,其效力完全取决于主体的素质水平和觉悟程度。休闲的行为选择主要受自身内在的心理状态、价值观念和道德素养等的内在驱动,这些是远比外部社会约束更有力的内驱力量,也是更恒稳而有效的驱动力量。[①] 比如,由于时差的关系,中国电视体育迷常常在后半夜收看欧洲足球赛事,再激动的观众也不能不顾他人休息而在自家客厅边看直播边狂喊乱叫。

一般而言,亲身参与和现场观看比赛两种休闲活动,在很大程度上属于社会活动、群体活动,休闲主体会受到空间、时间、规则、文化、道德等方面的约束,表现出较强的规范性与制约性。电视体育迷的休闲活动,则可以是个人的,也可以是群体的,在个人休闲和群体休闲之间也可以不断转化。看一个电视体育节目,可以随时开始,也可以随时结束。电视体育迷可以手舞足蹈地看完一场乏味的网球转播,也可以极其冷静地等待足球点球大战的结束。

我国的电视体育迷在价值观上所表现出的一大特点,就是观赏者的个性可以不受约束地自由表达,而在其他实践性的体育休闲活动中,参与者的个性表达则要受到群体、社会行为的影响。个体在亲身参与体育活动和现场观看体育比赛时,表现出和周围群体在立场上的明显对立会使自己陷于孤立的境地,但是作为一个电视体育迷,他可以随意指责比赛的任何环节,也可以支持任何一个球队、任何一个队员。只要他不侵犯别人的权利和尊严,就不受任何

---

① 刘晨晔.论休闲主体素质的提高[J].辽宁教育学院学报,1998(6):13-15.

指责。因此,虽然价值观的多元化是整个时代的特征,但是和其他体育休闲的主体相比,电视体育迷不仅拥有这些多元的价值观,而且可以完全自由地表达、表现自己的价值取向,实现内心的满足。

(二)动机多样性

体育迷观看电视体育节目,每个人都期望达到各自的目的。美国社会心理学家霍夫兰在体育传播学上首倡"个人差异论",他认为,每个人不仅有来自先天和后天的不同的个体特征,如年龄、性别、兴趣、智力、经历、价值观等,而且由此形成的心理(认知、动机)结构和行动结构也不尽相同。

参与体育活动可以是为了锻炼身体、提高运动技能和社交的需要,到现场观看比赛也可以是因为欣赏比赛过程、近距离接触体育明星、感受现场气氛和社交的需要,所以,体育休闲不仅可以锻炼身体,还可以满足其他动机。与这两类体育休闲方式相比,我国电视体育迷的动机更为复杂,基本可以分为以下几种类别。

其一,寻求胜负刺激。体育竞技的一大魅力在于结果的不可预知,随着比赛的推进,观者的心理预期不断堆积,在比赛结束的一刹那,闸门打开,悬念得到释放,观者的心理得到满足。

其二,了解体育知识。相比于现场,电视转播更能体现高水平运动员的技术、战术,因为电视可以提供最佳的观看角度、距离,还有解说员的讲解。体育迷的体育知识实际上并非直接来源于运动队、教练,而大多来源于以电视为主的媒体。

其三,满足情感归属。看到自己国家、民族的代表队、运动员获胜,会自然产生自豪感和优越感,对自己所属的国家、民族产生极强的归属感。

其四,渴望价值认同。电视体育迷在观看比赛之前,必须根据自己的体育经验做出判断,而比赛的过程会对这一判断进行验证,如果两者相一致,他就会得意于自己的体育经验。

其四,追逐流行时尚。很多体育比赛的影响力已经使它们超越体育范畴,而成为全社会关注的焦点,谈论这些比赛也成为一种流行时尚。对于那些本来对体育活动兴趣不大的人来说,电视体育节目恰好给了他们一个以最快方式追赶流行趋势的工具。对于这一部分仅仅为了跟上社会议题的非体育迷来说,他们只可能迅速成为电视体育迷,而不会成为其他体育休闲活动群体。另外,很多体育明星本身就是各种时尚品牌的代言人。

其五,实现批判梦想。电视体育迷的休闲方式千奇百怪,有人看比赛不是为了比赛本身,而是因奇怪或逆反心理在作祟。比如,有人看一场中国足球队的比赛,只是为了看看他们是怎么输的,最少要输几个球。有人看一场比赛转播,是为了听听解说员又闹出了什么笑话。

电视体育发展到今天,已经相当成熟了,如果说还有新的增长点的话,那就是体育谈话节目。近年来,国内有代表性的优秀体育谈话节目,当属中央教育电视台梁宏达主持的《体育评书》,该节目以批评与讽刺当今体坛的各种怪现状为主,拥有大量的受众和较高的收视率。在一个新媒体和离散社区的时代,谈话节目可能被当作公众论坛或"市政厅讨论"的替代品,它们现在成了新的公共领域。① 德国哲学家尤根·哈贝马斯(1989)当初把公共领域定义为一个民主论坛,它是调节社会与政府关系的场所,任何私人都可以在这里讨论公共议题。其运作原理是:公共领域通过生产经过理性批判的公众合意来影响政权力,使政府对公众负责。在媒体越来越开放,体育越来越远离政治的今天,不争气的中国足球就扮演了一个"公共痰盂"的作用,供愤怒的国人来唾骂,而体育媒体则为国人的宣泄营造了论坛。

(三) 方式差异性

法国哲学家皮佩尔曾出版过一部名为《休闲——文化的基础》的著作,他认为,休闲就是文化的基础。林语堂也有与此类似的看法,他认为,文化本来就是空闲的产物。所以文化的艺术就是悠闲的艺术。② 可见,休闲是可以产生文化的,甚至可以说休闲本身就是一种文化。那么,电视体育迷的休闲行为产生什么样的文化呢?

可以肯定地说,是电视的出现才真正实现了体育、媒体和观众的三位一体,形成了20世纪50年代以后的电视体育文化。近几届奥运会每届的转播有将近40亿人次观众收看,"奥林匹克运动终于借电视的翅膀翱翔全球,成为世界上任何一种文化都无法比拟的,社会容量最大的文化活动","可以说电视体育文化的形成是体育的一场深刻的革命"。③

因此,电视体育迷的各种行为都是社会文化活动的一部分。观看电视体育节目,不仅是在进行休闲和娱乐,也是在创造社会文化。要解读电视体育迷的休闲行为和价值取向,就必须在具体的社会背景、文化背景下进行,电视体育迷的行为与其所处的社会文化环境是息息相关的。

与欧美球迷更愿意聚集在咖啡馆、酒吧里收看电视转播相比,我国的电视体育观众更多是在自己家中收看比赛。造成这种差异的原因,一方面是东西方人的不同性格、文化传统使然。西方人更加开放和乐于交往,而东方人偏于

---

① 利萨·泰勒,安德鲁·威利斯.媒介研究:文本、机构与受众[M].吴靖,黄佩,译.北京:北京大学出版社,2005:193.
② 林语堂.林语堂文集·第七集:生活的艺术[M].北京:作家出版社,1995.
③ 卢元镇.体育电视文化产业漫谈[J].体育文化导刊,2002(2):7-8.

保守和封闭。另一方面与社会经济背景有关。在我国收看电视花费很低,而到酒吧看球一次动辄要支出数十上百甚至几百元,对于很多人来说并不容易承受。在西方则不同,他们的电视收看费用较高,以十年前的德国为例,每月有线电视收费接近40欧元,而球迷则愿意汇集在球迷酒吧,花上两三欧元,来杯啤酒,和身边的球迷一起对比赛品头论足、交流经验,跟坐在家里冷冷清清地看电视还是不一样。这样算来,每个月在看比赛上的花销跟安装有线电视相差无几。① 所以说,不同的文化、社会背景决定电视体育迷的休闲方式,电视体育迷的行为则表现出强烈的社会文化特点。

(四) 价值多元性

电视体育迷的价值选择也和休闲方式一样,呈现出多元的价值取向,这是因为整个时代的价值观都在发生变化。有人对西方社会传统价值观和新价值观进行了总结和比较(见表3-16)。

表3-16 变化中的价值观②

传统价值观	新价值观
自我否认的道德观	自我充实的道德观
较高的生活标准	更好的生活质量
传统的性角色	模糊的性角色
公认的成功定义	个性化的成功定义
传统的家庭生活	各种不同类型的家庭
对工业机构的信任	自立
为工作而生活	为生活而工作
崇拜英雄	崇尚理念
扩张主义	多元主义
爱国主义	民族倾向的弱化
追求空前的增长	对局限性不断强化的认识
工业增长	信息/服务增长
对工业技术的接受	技术的导向

在传统与现代的碰撞中,整个社会趋向价值多元化,对同一件事物,人们很容易持不同的看法。对竞技体育这样一个内容丰富的领域来说,更容易造

---

① 左珊.德国的球场文化[J].足球世界,2005(10):21.
② 张晓.多元化社会中的休闲价值观[EB/OL]. http://www.chineseleisure.org/20060118/2006011805.htm,2006-01-18.

成体育迷的价值取向多元化。在我国,电视上经常播放的体育比赛种类繁多,每一个节目都有自己的观众群,而每一群观众也可能对其他节目丝毫不感兴趣,电视体育节目的制作与编排很难做到面面俱到而让所有观众满意。在世界范围内,足球是第一运动,而到了美国则变成了橄榄球、棒球、篮球和冰球四大热门项目,而美国人最喜欢的美式橄榄球在其他国家并不怎么受欢迎。

对电视体育节目的价值判断,在体育迷当中也可能会产生截然相反的立场。对一场比赛的输赢,对一个球星的作用,对一个体育频道的质量,对一名电视体育节目主持人的水平,电视体育迷都有可能各执一词。究其原因,就是他们是由"电视体育"连接在一起的群体,他们争论的话题经常是在一个虚拟的环境下,很难通过实践检验而达成一致,只能是各说各的理,谁也说服不了谁。比如说网球选手桑普拉斯和费德勒谁更强大,恐怕谁也说不清,因为他们是不同时代的选手,这个问题有点"关公战秦琼"的味道,然而电视体育迷总是对这样很难有标准答案的话题津津乐道。因为对于很多人来说,比赛结果并不重要,重要的是在对过程的享受中打发休闲时光。

第四章

我国媒体体育存在的主要问题

第II部

第一节　媒体体育生产问题

一、媒体机构产权关系不清晰，影响企业做大做强

我国目前的体育媒体大部分依托于报业集团、广电集团、出版集团、文体局等企事业单位，主要是作为二级子媒体而存在，一般不具备独立法人资格，投资人与受益人之间的产权关系不清晰，影响企业做大做强。

2000年前后，《足球》、《体坛周报》、《南方体育》三家体育报纸被业内誉为"体育纸媒三强"。《足球》报是广州日报报业集团旗下的子报，而《南方体育》是南方报业传媒集团旗下的子报，《体坛周报》是湖南省体育局旗下的媒体，三份报纸都有各自的"婆婆"，都要服人管。相比之下，《体坛周报》的情形略好于另外两家报纸，因为它只需要按照约定每年准时向湖南省体育局上交利润就行，至于如何经营与管理，则可以由报社自己说了算。而《南方体育》与《足球》报就不一样，它们的投资商是报业集团，受益对象也是报业集团，这样看起来可以旱涝保收，但是实际上就存在致命的问题，那就是报社根本不可能独立决策、自主经营与自由发展，因为报社的社长、总编、总经理都是由集团任命的，财务总监也是集团派驻的，一旦世界杯、奥运会等体育新闻生产与经营的黄金时段来临，则宏观决策依旧需集团审批。久而久之，报社就养成了只管新闻采编，管不好经营发展的局面。《南方体育》在持续几年一直亏损之后，终于在2005年被南方报业传媒集团勒令关门大吉。《足球》报几经折腾元气大伤，从领先于《体坛周报》，到后来落后于对手，到今天半死不活。

放不开手脚，最终的结局可能就是体育媒体倒闭，也有可能是半死不活。像《体坛周报》那样完全放开手脚，是不是就能自由翱翔呢？答案同样是否定的。《体坛周报》是国内发行量最大的综合体育类报纸，也是一个体育传媒集团，号称"体坛系"。2009年，当时的社长瞿优远，苦心经营报社20年，其间未曾离开岗位一天，可谓功勋卓著，却因贪污、受贿、挪用公款等罪名最终被"双规"。这一典型事件发人深省，在今天的这种媒介环境里，体育媒体跟其他媒体一样，不做大没有出路，做得太大又"木秀于林，风必摧之"。

与上述三家报社的情形相似，我国的体育频道、体育频率都存在类似的共性问题。在产权关系不清晰的环境里，体育媒体既不能发展太慢，做得太小，也不能发展太快，做得太大，这就陷入了一个永远都走不出的怪圈。

二、体育组织与体育媒体关系不顺

体育组织是"通过一定的社会关系结成的有目的、有一定组织形式的、具有结构性特征的体育团体"[①],它包括三种类型:第一,行政管理型体育组织,比如从中央到地方的体育局;第二,经营管理型体育组织,比如体育商家、体育中介、体育职业俱乐部等;第三,公益性体育组织,包括体育社团以及体育社会组织、体育院校等事业组织。

新中国成立以来,我国的体育组织与体育媒体之间的关系,经历了几个不同阶段,自然形成了几种模式。

(一)计划经济条件下的"互动"模式(新中国成立至20世纪70年代末)

新中国成立后,体育受到党和国家领导人的高度重视。但是,新中国成立后的二十多年间,由于人们的物质生活水平不高,文化生活贫乏,体育和大众媒体的发展,都是依靠政府拨款来扶持和实现的。闻名中外的"乒乓外交"就发生在这一时期。美国人科恩与中国乒乓国手庄则栋的友谊被人们津津乐道。这一事件实现了中美两国自1949年以来的第一次民间交往,"打开了两国人民友好交往的大门",后被人们赋予"小球转动了大球"的高度评价。

肖焕禹等(2004)认为,这一时期,我国的体育新闻报道总量有限,全国体育宣传阵地不多。作为唯一的国家通讯社,新华社播发的体育稿件也非常少,一报一刊(《体育报》、《新体育》杂志)是当时全国范围内唯一的体育专业报纸和期刊,远远不能满足群众需要。[②]

这一时期,新闻媒体对于体育的报道与其说是"新闻",不如说是"宣传"更恰当些。"体育需要宣传,宣传需要体育"是荣高棠同志的一句名言,它形象地体现了当时体育与大众媒体之间的辩证关系。体育要普及,必然需要大众媒体的宣传,而大众媒体也需要体育来作为其宣传内容,体育与大众媒体都属于社会主义文化事业的一部分,二者之间的关系是"互动"而非"双赢"。这种相互需要、相互"捧场"的关系,在新华社的电讯中体现得尤为明显。

第一届全运会全部竞赛活动结束[③]

新华社北京1959年9月27日电 为检阅我国体育运动10年来伟大成就而举行的第一届全国运动会,已经在9月27日胜利地结束了它的全部竞赛活动。这次运动会开得好,开得精彩,运动会以它盛大的规模和"大面积的丰收",给全国人民留下了深刻的、难忘的印象。这是一次普及和提高相结合,各

---

① 易剑东.中国体育媒体服务系统的构建[M].杭州:浙江大学出版社,2006:7.
② 肖焕禹,刘静.我国体育新闻传播百年回顾与展望[J].上海体育学院学报.2004(6):20-25.
③ 郭超人.体育新闻选(1949—1999)[M].北京:新华出版社,1999:8.

地各民族运动员、裁判员、教练员、工作人员团结友爱,共同提高,获得政治、技术双丰收的运动会。它对我国群众性体育活动更广泛的开展和运动技术水平进一步的提高,将产生难以估量的影响。

……

如果以目前的新闻写作标准来衡量当时的这则消息,它几乎就不是新闻意义上的消息了。作为消息,其在导语中仅仅交代了新闻五要素中的时间和主要事件,而没有表明第一届全运会的举办地点和结果,反而用了很大篇幅的描述性语言对全运会进行无节制的评价与褒奖。可见,在当时的历史条件下,无论体育还是大众媒体,都明显是政治的附属物。在这种背景下的"互动"模式,其实是一种革命性、政治性的互动,是一种只有宣传没有监督与批评的假大空式互动,因而不是一种理想的互动。

从20世纪70年代末开始,随着改革开放的不断深入和社会主义市场经济体系的初步建立,过去铁板一块的体育与大众媒体都发生了重大的变化。其中,新闻体制改革走在了体育体制改革的前面,体育组织与大众媒体之间的关系经历了磨合与摩擦前后两个阶段。

(二)市场经济条件下的磨合模式(20世纪70年代末至90年代中期)

1978年12月,中共中央召开第十一届三中全会,正式确立了中国改革的总方针。改革开放以来,人们的生活水平日益提高,许多新技术、新观念得以引进,大众媒体尤其是广播电视在外部形势和自我发展需要的主客观条件推动下开始走上了独立发展的道路。

展江(2006)认为,自20世纪80年代以来,中国的新闻媒体开始从政府包办的直属单位,"转型"为实行企业化运作的事业单位。市场经济给媒体带来了巨大的经济收益和一定的新闻运作空间;同时,让政府甩掉了"经费包干"的沉重财政负担。一时间,似乎出现了媒体和作为主管者的政府的"双赢"局面,为此,媒体主管和部分媒体研究者兴奋不已、欢呼雀跃。[①]

与此同时,1979年中国恢复了在国际奥委会的合法席位。中国体育真正走出国门,回到奥运怀抱。以许海峰实现奥运金牌"零"的突破为代表的一系列体育事件,一下子成为为国争光的最有力武器。在许海峰获得我国首枚奥运金牌后,新华社连续刊发了一组稿件,标题分别为:《许海峰获得奥运会第一块金牌》(高殿民)、《"零"的突破》(高殿民、文有仁)、《"零"是怎样突破的?》(高殿民)、《为中国运动员获得第一枚金牌之后》(王训生、顾耀铭)、《新闻人物:许海峰》(王俊璞)等。

---

① 展江.记者站腐败的制度分析[EB/OL].http://www.blogchina.com/new/display/150979.html,2006-06-12.

媒体体育与体育媒体

这一时期,另一项被人们津津乐道的事件就是中国女排的"五连冠"。中国女排"五连冠"背后的意义远远大于成绩本身,"女排精神"不仅是当时体育界学习的榜样,甚至成为各行各业的精神支柱。所以,当 2004 年雅典奥运会上中国女排获得冠军之时,很多人感叹"女排精神"回来了,可见国人心目中的"女排情结"是何等的深厚。而这情结背后所隐藏的,便是为国争光至上的信念。这一时期,中国体育全面复苏,体育媒体也逐渐走上了专业新闻主义的道路。体育组织与体育媒体之间的关系,处于一种正常磨合的状态。

(三) 市场经济条件下的摩擦走火(20 世纪 90 年代中期至今)

这一时期,对于体育和大众媒体来说都有着极其深远的意义。大众媒体逐步走上了产业化之路,传媒集团如雨后春笋般涌现。而此时的体育也不甘于仅仅担当为国争光的角色,以中国足球为代表的职业联赛于 1994 年成功开展,推动了体育产业化的进程。面对电视转播权与赛事推广这个大蛋糕,体育与大众媒体之间过去那种相互需要的温情面纱终于被市场无情地撕破,摩擦频发,走火不断。其中,最典型的例子,莫过于大众媒体与中国足协之间十几年来的摩擦走火。下面分别列举中国足协与中央电视台、《足球》报的几起矛盾冲突:

例一:央视四次封杀中国足球

(1) 2002 年由于与足协在联赛版权购买费上难以达成一致,央视停播了甲 A(中超的前身)的前六轮比赛。这是央视首次与中国足协翻脸。

(2) 2003 年东方卫视刚刚上星,中国足协认为东方卫视同样具有覆盖全国的能力,遂以 3 年 1.5 亿元人民币的高价将联赛独家报道权卖给了上海文广。反过来,与中国足协合作达十年之久的中央电视台放弃了中超联赛的转播权,央视为此"封杀"了最后一个赛季的甲 A 和前两个赛季的中超。此前,央视几乎拥有除英超和欧冠之外的所有足球比赛的相关转播权,但此时我国最大的国家电视台却与国内最高级别的职业足球联赛无缘,球迷怨声载道。然而,出现这一非正常现象最根本的原因在于,央视和中国足协对于中超联赛"真实市场价值"的认定存在较大分歧。

(3) 2008 年 11 月中旬,京津两队在央视直播的过程中,发生了长达 20 分钟的球场暴力事件。这使得央视做出了惊人的决定,不仅停播当年剩余的所有中超,而且在各个时段的体育新闻以及足球专题节目当中,也都不再出现任何中超新闻。这种封杀的局面直到 2009 赛季才有所改变。

(4) 中国男女足球队在 2008 年北京奥运会上颗粒无收,全国上下球迷民怨沸腾。2008 年 10 月 2 日,因抗议足协不公,武汉光谷足球俱乐部悍然宣布退出中国足球超级联赛,狠狠地抽了中国足协一记耳光,同时也将自己送上了不归路,从此,国内舆论揭开了批判中国职业足球虚假和中国足球体制陈腐的序幕。2009年10月后,中央领导人胡锦涛、习近平、刘延东在不同场合就足球问题发表看法,引起了政府高层重视和公安部介入,中国足球领域展开了史无前例的打击假球、黑哨、赌球的运动。2010年2月8日,时任中国足协副主席南勇、杨一民被捕以及曾负责裁判工作的张健强被捕,随后,中国唯一执法过世界杯足球赛的"金哨"陆俊被抓,中国足坛的"大地震"终于爆发了。

这一时期正值春节,据说,为了不破坏全国人民的过年气氛,不让足球给国人添堵,央视再一次封杀了中国足球,没有转播中国足球队春节期间在日本参加的东亚四强赛。在这次赛事中,中国国家足球队一举3比0战胜了韩国足球队,终于洗刷掉了32年来一直不胜韩国国家队的耻辱纪录,并且最终夺得四强赛冠军。广东体育频道等地方台转播了国足比赛,使得没有收看国足比赛的广大观众再一次萌生了对央视的不满。

例二:中国足协封杀《足球》报

2004年1月7日,《足球》报在其当天出版的报纸的显著位置上,刊登了题为《"国资委"阻击中国足球》的文章。该篇报道称:国务院国有资产监督管理委员会已经将中国足球列为"不良资产",因而明确指示国有企业应将其完全剥离。1月9日傍晚,中国足协发表声明,取消《足球》报对中国足协主办、承办的所有赛事和活动的采访资格,并将保留进一步追究其对此事应承担相关责任的权利。国内舆论一片哗然。随后,时任《足球》报总编辑谢奕在声明中指出,中国足协对《足球》报的处罚违宪违法,限制了新闻自由,中国足协虽有权拒绝《足球》报的采访,但无权剥夺、限制任何记者采访的权利。

以上两例,均发生在中国足球与大众媒体之间,其矛盾似乎难以避免。足球是风靡全球的体育运动,而中国足球作为国内最先开始实行职业联赛的项目,它受到媒体和球迷的广泛关注。但因种种不健康因素的干扰,联赛水平并没有如人们预期的那样得到显著提高,这就给媒体批判报道留下了空间。

其实,体育组织与体育媒体关系不顺,不仅仅体现为中国足协与央视和《足球》报之间关系紧张,在其他体育组织与体育媒体之间也有类似情形出现,只不过足球运动影响力大,而足协又与媒体长期处于紧张状态中,从而导致足协与媒体之间的关系更加引人注目。

三、联赛水平不高与学校体育滞后导致赛事资源不足

没有赛事资源就没有媒体体育,这是任何人都懂的道理。赛事资源就是体育赛事的来源,体育赛事是以提供体育竞赛为核心产品及相关服务的一种

特殊活动。① 从表面上看,世界各地每天都在进行各种各样的体育比赛,体育机构有众多的赛事资源可供挑选,但是,我国受众普遍感兴趣的比赛,往往只有奥运会、男女足世界杯、欧锦赛、欧冠赛、欧洲五大联赛、美洲杯、亚洲杯、F1大奖赛、世乒赛、汤姆斯杯、尤伯杯、苏迪曼杯、冬奥会、篮球世锦赛、亚运会、网球大师赛和四大满贯赛、中超联赛、CBA、NBA、斯诺克、高尔夫等。

体育赛事有很多分类方式,可以按照综合性赛事和单项赛事分类,前者有全运会、亚运会、奥运会等高级别的大型综合性运动会,后者有世界杯、世锦赛、F1大奖赛等高水平的单项锦标赛。我们还可以按照如下形式划分:一是世界顶级赛事,如奥运会、世界杯等;二是洲际顶级赛事,如亚运会、欧锦赛、美洲杯等;三是联赛,如欧洲五大联赛、NBA、国内联赛等;四是其他赛事。

据统计,我国电视体育的赛事转播70%以上来自购买国外特别是欧美的各种赛事。对于新闻媒体来说,并非所有赛事都可以自由采访与报道,越是顶级赛事越难弄到采访证。对于电视媒体来说,并非有人赞助就可以自由购买赛事转播权,因为我国境内的奥运会、世界杯等顶级赛事的电视转播权,只能由中央电视台独家购买,形成赛事资源的绝对垄断。这样,两极分化的局面就出现了:一方面,中央电视台赛事资源过剩,一个体育频道播不完,CCTV-5+频道才适时上线,且要付费收看;另一方面,各地方体育频道"吃不饱","等米下锅",只好盗版与侵权。如果碰上奥运会或世界杯等"体育大年"还好说,各新闻媒体可以八仙过海,各显神通,可通过议程设置、连续报道等方式,拉长报道战线,在赛事新闻、赛事直播之外还可以进行专题报道、深度报道、娱乐报道等,赚个盆满钵满;但是如果碰上没有奥运会或世界杯的"体育小年",那么体育媒体就要节衣缩食了。

其实,无论"体育大年"还是"体育小年",如果我们国内的各种职业联赛和大学与中学的校际体育,能像美国那样持续健康发展,就能确保体育媒体正常运转。

一般来说,如果国内联赛的品种多、场次密、周期长,就非常适合本土媒体长线报道,以此吸引受众关注和广告商与赞助商的支持。但是,问题在于,我国国内的职业联赛品种少,商业化、产业化、社会化程度不高。比赛现场上座率低,难以吸引广告商和赞助商,市场价值不大,电视转播收视率低,导致电视转播权价格低。足球联赛从1994年开始,本来应该像一个风华正茂的少年一样茁壮成长,却因为体制掣肘、经营与管理不善等原因,接近崩盘。篮球联赛表面上看起来风生水起,但是实际造血功能不强,多数是赔本赚吆喝。乒乓球

---

① 易剑东.大型赛事报道与媒体运行[M].杭州:浙江大学出版社,2008:9.

超级联赛、羽毛球俱乐部联赛拥有很多的现场观众与电视观众,对于赛事组织方来说,其电视转播权几乎是半卖半送给电视机构,市场价值并未完全开掘出来。

相反,如果我国的职业联赛能像美国那样,有橄榄球、冰球、篮球、棒球四大联赛作为支柱产业,其中,电视转播费占 NBA 总收入的 30% 左右,对于体育媒体来说,即使没有奥运会、世界杯的年份,那也年年都是"体育大年"。实际上,美国人关注奥运会,只是关心明星偶像,却不像中国人对金牌榜过度痴迷。对于世界杯,虽然美国的足球水平远远高于中国,美国也曾多次举办过男女世界杯足球赛事,但是,美国人对于美国之外的世界杯并不热衷。只有四大联赛,堪称美国人的最爱。

此外,我国的学校体育发展非常滞后。一是学校体育相当封闭,与社区、社会隔离;二是缺乏校际交流;三是运动水平低下。如果更进一步探究,其实很重要的一点就是学校体育的地位问题。虽然体育被国家确定为学校教育中不可缺少的一门课程,但与其他课程相比,体育课程的学科地位较低。在当前中国应试教育大行其道的大背景下,体育课经常会被语文、数学等所谓主课所取代,实际授课时间也难以得到保证,而且长期以来,学校体育的内容主体主要是增强学生的体质和传授体育的"三基"(基础知识、基本技术和基本技能),教师教得乏味,学生学得无趣。相反,借助体育课程来培养学生的个性、养成良好的体育活动习惯、发展校园体育运动等方面的目标,仍被大多数学校拒之门外。

我们再看看国外,美国的学校体育特别是大学体育开放性强,运动水平高,能吸引电视转播和商业赞助,其橄榄球、篮球的比赛日往往是社区的节日。美国高校一般都参加校际体育运动,有校际体育运动的学校可以归入到全国大学体育协会(NCAA)或全国校际体育协会(NAIA)这两个主要的全国协会。NCAA 是最大、最有权力的协会,仅在 1996 年就有 995 个成员机构和 208 个附属会议和职业机构。应该说,美国的大学体育水平比我国的职业联赛水平还要高,还要社会化和商业化。

在 NCAA 的各项比赛中,美国大学生篮球联赛无疑是其中的焦点。在美国,NCAA 的六十四强锦标赛,特别是最后的四强赛,其声势不亚于 NBA 总决赛,甚至有时还会超越 NBA 总决赛。整个三月,美国民众都会为大学篮球比赛而疯狂,因此有"疯狂三月(March Madness)"的说法。ESPN 等电视台全天跟踪放送各分区决赛及特别报道,收视率更是居高不下。从 NCAA 的成功可以看出,不是大学赛事就没有看点,只要有合理的包装、成功的商业化运营,大学赛事就会超越学校界限,成为全民盛事。

四、运营模式模糊与盈利模式单一

所谓运营模式,简单地说,就是经营方式,而盈利模式则是赚钱方式。目前,国内大部分体育媒体还停留在赛事报道的基础上,并未把体育媒体的运营模式纳入到体育产业经营的轨道上来。究其原因,国内的媒体本身就是事业性与企业性混杂,而国内的体育同样如此。媒体与体育究竟是要赚钱,还是要提供公共服务,抑或在提供公共服务的基础上赚钱,谁也说不清楚。

在这种背景下,不论何种类型的媒体,多数体育媒体只有传者意识,而缺乏受众意识,平面媒体等待前方来稿,电视媒体等待公用信号。所谓的经营,就是利用热点体育赛事,坐等广告商找上门来,以便出售自己的版面、时段赚点广告费。有些媒体为了省事,干脆把整个频道或频率的广告承包给广告代理公司,一包就是若干年。这就叫作"抱着金饭碗守穷",而且资源、平台、商家、受众之间矛盾重重。

究其原因,我们的记者、编辑一般只认为自己是新闻工作者,而不是产业经营者,缺乏产业意识。的确,在媒体内部,采编部、广告部、市场部都是独立的,也是互不来往的。我们的社长、总编辑等高管大多是从新闻业务人员中提拔上来的,他们熟悉的业务也是采、写、编、评、摄、录、校、播等基础性业务。至于广告经营与市场开发,认为那是总经理的事情。如此一来,我们表面上看起来是丧失了商机,实际上,我们很少考虑把体育媒体作为体育产业的一个有机组成部分来经营。

关于体育产业概念与分类争论了很多年,难有定论,这里介绍一种有代表性的分类方式,如图4-1所示。

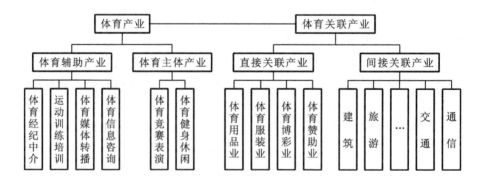

图4-1 体育产业与体育关联产业体系图①

---

① 周兰君,刘燕舞.论我国体育产业的重新分类[J].体育与科学,2006(6):11-13.

从图 4-1 不难看出,体育竞赛表演业与体育健身休闲业是体育产业的主体产业,在体育产业中占核心与主导地位,这两个分支产业的价值能否实现,作为体育辅助产业的体育媒体转播和体育媒体产业在其中起着重要作用。但是,我们很少考虑,体育媒体特别是体育电视本身就是体育竞赛表演业的一个终端。因为体育竞赛表演业的消费者只能是两类人群,一种是少数的现场观众,另一种是大量的电视观众或媒体消费者。只有抓住多数的电视观众或媒体消费者,才能真正实现体育产业化的大目标。

五、体育新闻从业人员缺乏忠诚度与归属感

在体育新闻从业者方面,当前最突出的问题是责任感不够,专业性不强,缺乏忠诚度和归宿感,工作不稳定,跳槽频繁。

从各主流媒体设置体育新闻部,开辟体育专版的那一天起,就意味着我国体育新闻分众化时代的到来。对于体育媒体来说,分众化时代最重要的竞争,就是人才的竞争。从量上说,当前我国体育新闻报道人员已不少,估计数以万计,但是,体育新闻采编队伍的质量,远不如普通民众想象中那样高。

先说责任感不够。这首先体现在体育记者、编辑、主持人的职业道德缺失,一些人出于个人私利或所供职媒体的利益考虑,在国家队与外国球队比赛之前,将中国队的比赛录像或者相关情报拱手交给对手,从而讨取对方主教练的欢心,获得独家专访的机会,这样的事例已屡见不鲜。2010年2月,中国足球队主教练高洪波在谈到他为何对媒体记者保持谨慎距离时说:"每个教练都有些东西不希望别人看到,尤其在这个资讯发达的时代,有些人喜欢透露中国队的信息,甚至有记者为套取对手的信息,而出卖中国队的消息。"[①]

还有的主持人在台前与幕后都不注意自己的公众形象,比如2007年8月13日,在中央电视台体育频道播出的《天下足球》栏目中,央视主持人段暄只穿一条短裤主持节目,并在摄像机前露出自己的腿部,该镜头被观众拍下来发到网上。中央电视台体育频道的《天下足球》栏目深受球迷喜爱,作为该栏目的主持人,段暄也备受球迷关注。对于段暄的露腿事件,有网友还是表示了理解和宽容。不过,也有不少网友发表看法认为,这是央视主持人不专业、不敬业的表现。联想到近年来央视主持人曝出的种种负面新闻,很多网友认为央视的大牌主持们都应该好好反省一下了。

在体育媒体中,普遍存在着一种"乱扔板砖"的现象,比如某项体育赛事的确存在很多问题,需要舆论监督与批评,但是,不少媒体的批评并非出自善意

---

① 李响.高洪波:国足下滑媒体亦有责 出卖消息者大有人在[EB/OL]. http://sports.sina.com.cn,2010-02-09.

和建设性,有些纯粹以哗众取宠、讽刺挖苦、道听途说、无中生有等形式来博取眼球为快事,从而形成一种"破窗效应",反而不利于问题的解决。从舆论传播学的角度看,舆论是风,而受众是麦穗,当风向哪边吹时,麦穗就会倒向哪一边。① 中国足球走到今天,除了高层腐败、体制不顺等核心因素外,不少媒体也扮演了落井下石、"乱扔板砖"、干扰工作的角色,它们也难辞其咎。

在很多人的心目中,体育媒体是意识形态最淡薄的媒体领域之一,美国著名记者普利策也曾认为体育、绯闻和犯罪是传媒吸引受众的三大法宝,意即体育报道是轻松、带有娱乐色彩的领域。但是,很少有人想到,体育报道关乎国民素质和国家形象的提升。根据王京、冯莉(2003)的研究,自从"9·11"事件以后,西方主流报纸的体育版,更加重视塑造国家形象。美国的《今日美国》和《纽约时报》等大报的体育版,主要关注美国国内的橄榄球、棒球、冰球、篮球四大联赛,国际赛事只做适当报道。② 英国也与此类似,如《泰晤士报》体育版很少用国际体育新闻来做头条。媒体有责任也能够培养受众的接受兴趣,潜移默化地在国际上树立起各自国家的体育形象,并间接地维护国家的整体形象。我国体育媒体恰好相反,报道的重心多半在国际体育特别是国际足球方面。这种局面的形成,可谓"冰冻三尺,非一日之寒"。

至于专业性不强的问题,在媒体体育文本问题中有专门论述,这里姑且不论。

再说忠诚度与归属感的缺失问题。看看这些年体育记者、编辑跳槽的情况,就能洞晓问题的严重性。2001年,《足球》报"当家花旦"李响以高额"转会费"(坊间传说为150万元)投奔该报劲敌《体坛周报》。其实,这两大报纸之间人员的流动,一方面反映了人才市场的规则,人尽其才,才尽其用,是好事;另一方面,人员流动过频过密,企业的商业机密和人脉资源随之流失,谁来保证媒体的利益?

体育新闻工作者缺乏忠诚度与归属感,其实是一枚硬币的正反两面。怎样才能保证从业人员对自己所供职的媒体的忠诚度?前提是,媒体必须让职员有归属感。其实,以上存在于体育媒体领域内的问题,同样也反映在其他媒体当中,这正是媒体产业化发展过程中必然会出现的。媒体从业人员流动性过强,记者成为吃青春饭的职业,资深记者留不住等,都与当前媒体改革中的深层次矛盾有关。

综合起来看,媒体应该把自身建设成一个学习型组织,定期加强政治和业务两方面的学习,强化新闻专业主义教育,同时努力改善采编队伍的待遇,对

---

① 林景新.Web2.0危机管理:中国男足如何自我救赎?[J].广告大观,2008(11):22-24.
② 王京,冯莉.从体育报道看国家形象的塑造[J].新闻知识,2003(4):8-10.

一线员工多一些人文关怀。应该说,体育媒体受限制小,市场运作空间大,完全可以探出一条新路,让记者、编辑成为媒体最宝贵的人力资源。

第二节 媒体体育文本问题

文本,从词源上来说,它表示编织的东西。这与中国"文"的概念颇有类似之处。"文"取象人形,主要指文身、花纹。《说文解字》称:"仓颉之初作书,盖依类象形,故谓之文。""文者,物象之本。"物象均具纹路色彩,故以"文"来指称。但是文本的概念后来主要变成"任何由书写所固定下来的任何话语"。本书将媒体体育中的"文本"界定为与媒体体育相关的所有语言、文字、图片和版式等信息。在我国,媒体体育中文本的问题归纳起来主要有以下四大类。

一、媒体体育文本粗制滥造

媒体体育文本因为媒体广泛的覆盖面和影响力,在社会上、在群众中有相当大的影响。遗憾的是,在媒体体育文本中,违背语言规范的现象却屡有发生。

(一) 错别字屡见不鲜

在报纸体育报道领域,文字差错主要集中为别字、多字和颠倒字等情况。

1. 别字

例1:《信息时报》2006年6月20日《从0∶4到4∶0 乌克兰人重拾胜利和尊严》一文称:"此后双方打得均显沉闷,射门不少威胁却不打,而幸运之神还是站在了乌克兰一边。""威胁却不打"应为"威胁却不大"。

例2:《信息时报》2006年6月10日《"补偿",冠军内定德国》一文称:"欧洲举行的世界杯大多都是欧洲人的天下,就象欧洲大陆以外的世界杯上欧洲占不到便宜一样。"文中的"象"应为"像"。

例3:"新华社发布"客户端广州2015年2月26日体育专电《新闻分析:里皮辞职只是"逗号"》称:"当然,有浪漫主义情节和冒险精神的里皮,绝不会惧怕这种'不确定性',因为'不可知'正是足球的最大魅力所在。"连新华社记者也没有弄清楚"情节"与"情结"的区别:前者指的是事情的变化与经过,属于文学术语;后者指的是一群重要的无意识组合,或是一种藏在一个人神秘的心理状态中强烈而无意识的冲动,属于心理学术语。

2. 多字

例1:《信息时报》2006年6月10日《瑞士要一黑到底》一文称:"布拉特最

近几年一直在努力的帮助自己的母队。"文中"努力的帮助"多了一个"的",而且多出的这个"的"字,同时也是一个别字,如果用"努力地帮助",也就说得通了。

例2:《信息时报》2006年6月11日《亚洲裁判掏出第一张红牌》一文称:"这次在德国亮相的的亚洲裁判共有3人(主裁判),应该说不算少了,可惜的是中国榜上无人。"文中多了一个"的"。

3. 颠倒字

例1:《信息时报》2006年6月27日《3号的复仇》一文称:"虽然罚进的点球是托蒂,但是说到谁才是意大利的救世主,人们都会情不自禁地喊出格罗索的名字。""罚进的点球是托蒂"应为"罚进点球的是托蒂"。字序颠倒后,影响了整个句子的意思。

在电视体育报道领域,也有类似错误发生。例如,在2008年北京奥运会报道期间,央视体育赛事节目表(8月16日)中就有过将CCTV-1中的"男子20公里竞走决赛"写成了"男子20功力竞走决赛"。

(二)成语滥用或用反现象层出不穷

成语滥用或用反的现象也时有发生。在成语滥用方面,例如,《信息时报》2006年7月8日《世界杯俱乐部贡献 切尔西当占鳌头》,"当占鳌头"应为"独占鳌头"。又如,《信息时报》2006年6月13日《卡希尔羞辱日本锋线》一文称:"凭心而论,在比赛初期处于主动地位的是澳大利亚队。"文中的"凭心而论"应为"平心而论"。"平心而论"的意思是平心静气地评论。而记者将其误用为"凭心而论",可能是理解为"凭良心而论"。

央视体育频道的体育解说也难免出现硬伤,用错成语。例如:"罗纳尔多一蹴而就,皇马1∶0领先(注:典型的望文生义。'一蹴而就'是指事情轻而易举,一下子就成功)";"然而马刺队在第四节晚节不保,最终输掉了比赛"(注:典型的望文生义。"晚节不保"指的是已经到了晚年却未能保住自己的节操,也指事情快成功的时候却失败了),等等。

在成语用反方面,例如,《足球》报2007年4月16日《"枪"不如人》一文称:"可今年的情况却有些不同,近四个月引援工作毫无结果,迫不得已签下的德利尼奇也差强人意。"纵观全文,作者的意思是批评大连实德引援不力,已签的外援德利尼奇也是"水货"一个。显然,"差强人意"这一成语在文中被记者用反了,因为该词的原本含义是"大体上还能使人满意"。央视体育频道的某个解说员,在一次直播中也犯过用反成语的过失:"世界杯期间,整个城市万人空巷,大家都在家里观看精彩的比赛。"殊不知,"万人空巷"指的是街道里弄里的人全部走空,指家家户户的人都从巷里出来了,上街庆祝、狂欢。

（三）标题制作以偏概全

任何文章标题制作，基本的语文规范是准确、鲜明和生动。为了做到这一点，新闻标题比一般的文章标题要求更高，因为它要点出事件的时间、地点、原因、结果等新闻要素，故除了新闻评论以外，严肃新闻的标题很少用单题，往往以复合题形式——正题与辅题（辅题包括引题和副题）的组合形式来体现。但不知道从何时起，国内知名的体育专业报纸如《足球》报、《体坛周报》等均习惯用单题来表达，几乎不用复合题，这样做的结果，要么题文不符，要么以偏概全。[①]

下面是2010年3月24日《体坛周报》与《南方都市报》关于巴塞罗那俱乐部明星球员梅西的报道。同一则新闻，两种不同的标题制作方式。

《体坛周报》只有一个单题：

梅西，足球之神！

《南方都市报》用的是复合题：

梅西，无法形容（主题）

连续两轮上演帽子戏法，巴塞罗那4比2胜萨拉戈萨积分逼平皇马（副题）

两家报纸的正题都是评论性标题，即虚题，如果没有实题性的辅题（即引题或副题）来辅助说明，题目的信息就不完整，甚至会产生歧义。但是，国内的体育专业报纸长期以来就是这么操作的，实际上等于一直在误导读者。

（四）走马字幕把关不严

体育新闻报道常见的快讯发布方式有：网站上的即时新闻，电台的正点新闻，电视台的早间、午间和晚间新闻，电视节目中的走马字幕，等等。其中，走马字幕，即电视上滚动的文字，它在体育赛事报道尤其是在国际大赛报道中运用得较为频繁。例如，在奥运会和世界杯期间，不少电视台在对赛事进行报道

[①] 姜晓红. 体育报道中的语文失范[J]. 传媒观察，2007(7):58-59.

时,均有专门的人员负责摘录央视、新浪网等官方媒体发布的比赛信息,进行走马字幕编播。走马字幕作为快讯追求的是速度快,但不少走马字幕的制作者因为语文功底不好,不是资深体育迷,在制作过程中极易出现错别字或错误信息,而最常见的错误是"的"、"地"、"得"三字的用法分不清。

(五)报道图文不符,张冠李戴

不少体育报道时常出现图文张冠李戴的现象。文章说的是一件事,而给这篇文章配的图片,却是另外一件事的图片。在电视口播新闻中,由于编辑对于体育新闻人物不是很熟悉,就容易产生误配图片的情况。比如,广东电视台体育频道在一次口播新闻中说的是英格兰足球队主帅卡佩罗,但是配发的照片是切尔西俱乐部主帅安切洛蒂,因为这两人都是意大利名帅,都是为英国人工作,但是,他们的名气又没有大到像贝克汉姆那样足以让全世界的体育迷都认识。编辑把他俩弄错,似乎情有可原,但是,从新闻工作的严肃性来说,这是不能原谅的。

此外,近年来,一些传统媒体从"多快好省"的目的出发,热衷于从网络采集体育赛事的新闻图片,要么对中文网站的赛事新闻图片采取毫无戒心的"拿来主义",要么直接从外文网站上下载并编译图片说明,又缺乏严格的审稿程序,难免以讹传讹,扩大了错误的传播范围。

(六)网络"流水账式报道"

在网络体育报道中,体育赛事实况叙述的繁杂与拖沓,比比皆是。由于大部分网站信息基本依赖传统媒体,且网上传播新闻没有量的限制,因此,很多网站在进行体育报道时往往不考虑篇幅长短,也不讲究报道角度和主题,更别论新闻跳笔了,而是千篇一律地按时间顺序进行线性的原始报道。报道足球比赛,就是上半场如何,下半场如何;报道篮球比赛,就分一、二、三、四节来记流水账。此外,在网络的赛事文字直播中,为了争取跟比赛现场同步,追求速度,更容易出现错别字连篇的现象。

下面是2010年4月10日中甲联赛湖北主场迎战上海东亚的一则新闻。

汉军四将染黄　东亚只开花不结果

上海客场0-0平湖北

2010年4月10日17:31　新浪体育

新浪体育讯　北京时间4月10日下午3点半,2010年中甲联赛第二轮在湖北武汉新华路体育场展开一场较量,湖北东方国旅队(简称"湖北队")在主场迎战上海东亚队。上半场主队占据优势,但下半场体能更好的东亚队完全控制了局势,但双方都只开花不结果,最终两队0比0握手言和。

比赛一开始,东亚队就利用地面配合的优势频走两翼。第2分钟,右后卫汪佳捷右路成功下底,姜至鹏停球欲射,但他处理不好,皮球砸在他手上,裁判明察秋毫,示意犯规。湖北队也不示弱,第7分钟,东亚队后场解围不利,6号外援埃维顿前场拿球后远射,顾超反应到位,向右侧扑球将球打出,角球开出后蔡曦前点一蹭,皮球擦柱而出。

第11分钟,东亚门将顾超突然倒地不起,比赛被迫暂停,短暂治疗后顾超起身再战。随后比赛湖北队慢慢掌握主动,第15分钟,王圣右路起球,顾超出击不利,手指只碰到一点球皮,但罗德里格斯猝不及防,皮球砸在他脑袋上弹出界外。第20分钟湖北队快攻,周燎前场斜传左路,罗德里格斯带球单刀突入禁区,东亚中卫卡尔切夫果断倒地将球铲出界外!第23分钟又是罗德里格斯和周燎两人配合冲击到东亚禁区内,但被合力化解,第24分钟湖北中场周熠突然远射,顾超把球打出界外。

第29分钟湖北队长蔡曦飞铲王佳玉吃到本场第一张黄牌。此时东亚主帅范志毅感觉局势不妙,他招呼朱峥嵘准备出场,第34分钟朱峥嵘换下毫无机会的首发前锋战怡麟。第38分钟蔡曦后场犯规,王佳玉任意球落点不错,但东亚三名队员门前包抄均未碰到来球,湖北队立刻反击,周燎左路带球过多,最后勉强打记零度角射门偏出。第40分钟湖北另一中卫梅方中场拦截犯规,也吃到黄牌。第41分钟东亚中场姜至鹏突然远射偏出。第43分钟罗德里格斯进攻时被吹罚犯规,"大巴"看上去有些恼火。

中场双方没有换人调整,第51分钟卡尔切夫后场任意球开到"大巴"脚下,双方抢成一团,最后湖北队姚翰林远射被顾超前扑接住。第54分钟东亚队推进到前场,"大巴"在拼抢中受伤倒地,但比赛继续进行,蔡慧康禁区线上打门没吃上力量,但皮球打在对方后卫腿上后折射飞向门里,湖北门将吴龑反应到位,倒地扑住来球。第56分钟王佳玉禁区外冷射高出。

第57分钟王佳玉中场巧妙斜传到左路,武磊得球疾进,补位不及的王圣身后用手推倒武磊,王吃到黄牌,下半场开场后东亚队进攻力度上增强很多。第63分钟范志毅用吕文君换下姜至鹏,两分钟后湖北队用25号王康换下有牌在身的王圣。第69分钟双方在中场激烈对抗,频频有队员倒地,最后湖北队左后卫柯钊侧身飞铲吃到黄牌,湖北队首发四后卫全部染黄。

东亚继续施压,第70分钟吕文君30米远射偏出。虽然都没有取得入球,但双方拼得相当凶猛,岁数偏大的湖北队出现体能接济不上的情况,姚翰林在和汪佳捷的对抗中倒地抽筋。第73分钟东亚队打出漂亮配合,曹赟定突然转移到右路,王佳玉直接空中垫传到小禁区,吴龑利用身高优势,强压武磊硬接住皮球。第75分钟东亚队用29号法布雷克换下王佳玉,法布雷克刚出场1分钟就制造机会,他得球后右路突破,蔡曦从侧方飞身将其铲倒,但裁判没有给蔡红牌,只是判罚东亚赢得任意球,曹赟定开到后点,吕文君头球稍偏出界!

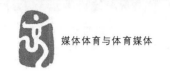

第 79 分钟老将王文华换下柯钊，第 82 分钟湖北门将吴龑飞身接球，他被武磊撞在腰上，一时倒地不起。第 86 分钟局面被动的湖北队成功发起反击，周燎左路传中，罗德里格斯跃起头球攻门高出，他和张琳芃的这次空中对话代价惨重，两人脑袋都被顶破，"大巴"一时倒地不起，而张琳芃衣服领口附近洒满鲜血。简单包扎后两人再次出场。

第 89 分钟东亚队再获良机，吕文君轻巧直塞，朱峥嵘禁区前转身射门稍偏出界。第 91 分钟姚翰林捂着脑袋倒在地上，最终他被担架抬出，同时湖北队用 30 号张啸笑换下姚翰林。双方熬过了 3 分钟补时，下半场优势明显的东亚队只能接受 0 比 0 的无奈结局。

这就是典型的流水账，平庸而且冗长，从第 1 分钟记述到第 90 分钟。比赛本身就平淡无奇，而这种流水账式的报道，更加加重了这种平淡。

二、"四大公害"层出不穷

有偿新闻、虚假报道、低俗之风和不良广告并称新闻界"四大公害"。在体育新闻报道领域，同样存在着这"四大公害"。据权威部门反映，体育新闻、娱乐新闻、财经新闻是近年来虚假新闻的重灾区。这几年，新闻学核心期刊《中国记者》每年都在评选年度"十大假新闻"，体育假新闻几乎年年"榜上有名"。

现举一例。2008 年，北京奥运会尚未开始，许多媒体都转载了下面这条新闻。

盖茨花 1 亿元在北京租空中四合院看奥运会

8 月的北京，不仅全世界最顶尖的运动员齐聚，全世界最有钱的富豪也来助兴，这其中就有前世界首富比尔·盖茨。盖茨在北京为自己租了一套离"水立方"不到 180 米的空中四合院，窗外不远就是晶蓝的"水立方"与雄浑的"鸟巢"，580 公顷的奥林匹克公园就在眼底。据其所租的楼盘"盘古大观"销售部介绍，比尔·盖茨租这套空中四合院花费一亿元，租期一年。

巨龙"抓住"盖茨

在奥运核心区内，有一龙形楼盘"盘古大观"。"盘古大观"共由五栋楼组成，最高的龙头部分是商业楼，中间三栋则是公寓楼，龙尾则是北京唯一的七星级酒店。龙头顶部甚至有私人停机坪。五栋楼由一条长 411 米、宽 13 米、高 15 米的"龙廊"连接起来。"龙廊"的上面"龙脊"部分，分别是写字楼、公寓、12 套空中四合院以及酒店。这个楼盘屹立在北京的中轴线上，不但成为这一区域的新地标,也吸引了比尔·盖茨的眼光,他一下子就决定在这里度过自己的北京奥运之行。

租一年要一亿元

据了解,"盘古大观"的空中四合院每套面积大约700多平方米,价格大约每平方米9万元。不过,那里的四合院只租不卖,比尔·盖茨也只能租住。"我们不租短期,租期至少是一年,而租费是一亿元。""盘古大观"销售部的易小姐解释。据悉,目前已有不少豪富下了订单,"比尔·盖茨已经付了租金,但其他的人,我不方便透露姓名,现在已经有客户入住了。"

这条新闻有名有姓,再加之传统媒体的报道,俨然无法令人怀疑。幸而,在当时媒体的一片跟风转载当中,有的媒体还比较清醒,通过调查对这篇报道提出了质疑。

盖茨为看北京奥运亿元租四合院 疑为烂尾楼炒作

2008年7月24日　华商报

国内一些媒体23日纷纷报道,为了观看北京奥运会,前世界首富比尔·盖茨在北京"盘古大观"楼盘,租了一套离"水立方"不到180米的空中四合院。

据介绍,盖茨租这套空中四合院花费一亿元人民币,租期一年。这则新闻在网上转载后,引发了种种猜测。本报记者通过采访和调查,发现了该报道有不少可疑之处。

各方反馈

微软中国:这不可能

记者致电微软中国总部时,工作人员表示对此事毫不知情。而据搜狐网报道,微软全球资深副总裁、微软中国董事长张亚勤博士在接受记者求证时,微笑且坚决地摇头表示不可能。

四合院开发商:我没发此消息

报道中的"四合院"据称是位于奥运核心区的高档楼盘"盘古大观"。而该楼盘开发商的一位负责人则表示,该则消息并非由他们公司发出。

可能的出租方:不接受采访

有报道称,今年3月19日,"盘古大观"国际公寓B座64套公寓,被英国上市公司"太平洋投资联盟"整栋购买。当时的报道称,"太平洋投资联盟"购买整栋公寓大楼的目的"主要是用于他们的国际高级管理层的使用和租给他们的国际大客户"。从这段报道来看,有可能是"太平洋投资联盟"将一座四合

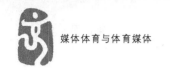

院租给了比尔·盖茨。

记者随后找到了"太平洋投资联盟"的网站,该公司网站的中英文网站均未发布比尔·盖茨租下"盘古大观"空中四合院的消息。记者随后致电"太平洋投资联盟"旗下的"太平洋投资联盟中国地产有限公司",接电话的为一讲英语的男士,他在记者讲明了采访意图后,挂断了电话。

记者调查

疑为炒作 这里曾是京城"第一烂尾楼"

"盖茨花一亿元租房看奥运?"北京房地产界对此传言,颇多质疑。

外观和水立方、鸟巢没法比

北京的北四环边上,著名的水立方和鸟巢一路之隔,2008年伊始耸立起了五座造型奇特的建筑。后来,人们渐渐了解到它叫"盘古大观",据说是一条龙的造型,坐北朝南,屹立在北京的中轴线上,龙头高昂,龙尾略摆。

记者昨日在"盘古大观"附近看到,因为毗邻水立方和鸟巢,"盘古大观"的风头被抢去不少,大多数北京当地人和游客都对这个巨龙造型的建筑兴趣不大。"是个龙的造型?不就是几个大方片儿楼吗?"趁着暑假带孩子来北京游玩的深圳赵女士非常怀疑记者的说法。"盘古大观"从外面看,除了头尾两栋楼略有设计感的造型外,中间均为四四方方的建筑,的确其貌不扬。每栋楼的外墙都是白色。看起来各楼的内部装修似乎还没有彻底完成,但由于地处奥运场馆核心区,这里已经戒备森严,没有奥运工作证件的人都被挡在200米左右的位置无法前行。售楼处周围的道路也是如此。

记者昨日想努力进入该楼盘,但被拒绝。一保安对记者表示,还没有听说有人入住。

七星酒店和迪拜的没可比性

"公寓的价格已卖到了每平方米5万元,据称在85米之上的空中四合院已经卖到了每平方米9万元。"京城一网媒的房地产主编说,他一直比较关注这个楼盘,主要源于其投入各媒体大篇幅的广告和炒作,"说酒店是超白金七星的,我只晓得世界上唯一的七星级酒店在阿联酋的迪拜,去过你就知道了,这个七星和那个七星没有可比性。"

北京一家晚报的资深房地产编辑视此为一种高明的炒作。他透露称,"盘古大观"原是北京摩根投资有限公司开发的"摩根广场",曾是京城"第一烂尾楼",几经周折之后,自2006年下半年起复工。2007年3月份,更名为"七星摩根广场",准备建一个七星级酒店和公寓组合的项目,初步定价为每平方米35000元。此时,该地区公寓楼盘平均价尚未突破每平方米1.2万元。2007年7月,摩根公司宣布除了公寓部分外,其他项目全部改为持有。

截至2007年12月,由"七星摩根广场"更名而来的"盘古大观"项目售价已达到每平方米5万元,超过位于北京CBD(中心商务区)核心区域的银泰中心而成为"北京第一贵楼"。

事件探寻

他肯定来看奥运但花1亿元不太可能

2007年4月20日,比尔·盖茨曾非常肯定地表示,2008年将携带家人和有"股神"之称的巴菲特前来北京看奥运会,不止是在北京待几天,而是要待上一段时间。但为了完成这一美好心愿,他是否会花一亿元来租房呢?

多数网友不信:这是在借名人打广告

一家网站公布的网友投票结果显示,三分之二的受调查者认为这是某些别有用心的利益集团的广告行为,是一项借世界名人"打广告"的"恶心行为",只有极少数的受调查者认为,比尔·盖茨有可能这么做。

盖茨会这么做?他乐善好施且低调

比尔·盖茨上月退休时,宣布将580亿美元的财产全数捐给慈善基金会,而不是留给他的孩子们。也许比尔·盖茨将财产捐出后,仍然对这笔巨款拥有支配权,但他动用金钱必须通过基金会的审计。从程序上看,盖茨如此"一掷亿金"的可能性不大。

此外,从以往的表现看,盖茨非常讨厌那些喜欢用钱摆阔的人。他曾在杂志上发表自己的见解:"我希望过普通人的生活。"如果报道属实的话,那是不是意味着他的性情在退休后有了180度大转变呢?

对于体育新闻领域里的虚假新闻,新闻学界与业界都提出了诸多观点,见仁见智。笔者认为,周志伟(2005)的研究比较有代表性和说服力。

周志伟认为,虚假体育新闻屡禁不止的原因有六:一是追求名声而编造新闻;二是追求利益而编造新闻;三是作风浮夸而编造新闻;四是断章取义而编造新闻;五是业务生疏而以讹传讹;六是不经核实而编发新闻。

关于防范虚假体育新闻的办法,周志伟提出了六点建议:一是媒体应常年不懈地对新闻工作者进行职业道德教育,坚持用马克思主义新闻观指导工作;二是媒体要进一步完善考核制度;三是设立红黄牌"警告制度",要对制假者进行必要的警告乃至惩罚;四是媒体应创造条件让记者深入第一线,同时也要争取让编辑有机会参加一些采访活动;五是媒体应建立使用网上稿件的相关制度;六是媒体对通讯员、特约记者、特约撰稿人提供的文章要严格把关,要建立约稿有责制度。[①]

体育媒体劲吹低俗之风,在一定程度上,跟体育新闻的娱乐化趋向有关。本来,体育新闻娱乐化是一个值得探讨的问题。林如鹏认为,在一定意义上,

---

① 周志伟.虚假体育新闻出现的原因及防范办法[J].新闻战线,2005(10):18-19.

媒体体育与体育媒体

"娱乐性"应该是体育新闻报道的天然属性,娱乐就是要让人快乐。① 但突出娱乐化必须以人性化为前提,必须坚持真实性的原则,如果只盯绯闻和隐私,娱乐化就容易过头,就容易变得煽情和媚俗,最终走向低俗。目前,一个最普遍的现象是,不少体育赛事报道变成了体育绯闻报道,这样的例子俯拾即是。

比如,2009年底,国际体育界的天王巨星、高尔夫球手泰格·伍兹成了具有性丑闻的明星。2009年11月28日,伍兹发生了一次车祸,在短短几周内,媒体便引出了一支由多达十几人组成的与伍兹有关的情妇队伍,顿时舆论哗然。"情妇门"事件让这位高尔夫球星和他的妻子以及赞助商陷入了困境之中。

有偿新闻由来已久,人所共知,并被广为诟病。但体育新闻界的有偿新闻比较特别,它更多是一种"封口费"或"买断费"。它不是专指记者采访拿红包,而是媒体出于竞争需要,花钱让新闻当事人开口说话,说出所谓的"独家新闻"。结果,一个拿着天价"说话费"的球员,可能同时为几家媒体提供所谓的"独家新闻"。这在2002年世界杯足球赛期间,成了我国体育新闻界的大新闻。

不良广告正在像病毒一样吞噬着我国小开本都市报和专业体育报的版面。其中,那些充满色情诱惑的声讯电话广告曾充斥很多报纸的版面。正如约翰·伯格(1972)所说的那样:"广告日益利用性欲来推销各种产品或服务。可是这种性欲本身绝无自由可言,它不过是一种象征,象征某种设想为比它更优越的事情,那就是可以随心所欲购买一切的美好生活。"②

"四大公害"不除,体育媒体的公信力就会遭遇危机。喻国明(2005)认为,媒体公信力是指媒体所具有的赢得公众信赖的职业品质与能力。③ 笔者认为,如果一家体育媒体的公信力彻底丧失,那么,它离关门大吉的日子也就不远了。

三、解说评论水平良莠不齐

随着电视技术的不断发展,体育解说员正在逐步走向体育解说评论员时代,即体育解说由"述"时代到"评"时代转变。在我国,以往电台式的解说早已被观众视为体育比赛的"噪音"。对于一名解说员来说,具备相关的体育专业知识成为重要的素质要求,观众更渴望在观看比赛的同时,能听到有一定风格

---

① 林如鹏.什么是体育报道真正的竞争力[J].中国记者,2004(5):8-10.
② 约翰·伯格.观看之道[M].戴行钺,译.桂林:广西师范大学出版社,2005:157.
③ 喻国明.大众媒介公信力理论初探(上)——兼论我国大众媒介公信力的现状与问题[J].新闻与写作,2005(1):11-13.

和个性化的解说。

然而,当前的现状是绝大多数体育主持人并非体育专业出身,水平参差不齐。水平较低的解说员在解说时只能在较浅层面进行叙述,很难深入地去分析、评论、解读比赛,缺乏对现场局势和背景的解析与评价。例如,专项记者在比赛之前应对胜利或失败都有充分的准备,主持人在演播室采访嘉宾时提出的问题,都应该是经过深思熟虑的。但在2004年雅典奥运会央视的体育报道中,现场记者或主持人在采访运动员时每每问一些如"你感觉怎么样"、"你的心情如何"、"得了冠军后你最想对大家说的是什么"之类的粗浅问题,这都是不够专业的表现。

还有网友总结出"韩乔生定律",其内容是:在解说比赛时,解说员眼里看着球员A,脑里想着球员B,嘴里说着球员C,实际指的是球员D,观众听以为是球员E。为此还引发了很多笑话,球迷们汇总出来,起名《韩乔生语录》,可以列举一二。

如足球比赛解说:"队员在平时的训练中一定要加强体能和对抗性训练,这样才能适应比赛中的激烈程度,否则的话,就会像不倒翁一样一撞就倒。"

如网球比赛解说:"你看她们的短裤也很有意思,网球运动员的短裤是特制的,里面可以放好几个球不掉出来……哦!……她们穿的是裙子。"

"韩乔生定律"所呈现出的我国体育解说存在的问题,不仅出现在韩乔生一个人身上,在很多体育解说员身上也都有所体现。网络上也存在把其他解说员的口误"栽赃"到韩乔生身上的现象,不过韩乔生本人对此并不介意。从以上例子我们不难看出,看似简简单单的口误,里面却存在着太多无意识的解说思维,是"一个队员两只脚,两个队员四只脚"这类毫无意义的解说词的另外一种体现。从表面看上,是解说员个人风格问题,实际上却反映出他们对观众心理的极度不了解,这同样也是一个专业化的问题,是我国体育解说的一大弊病。[①]

在进行体育赛事解说评论时,一些专家或嘉宾的水平也良莠不齐。在电视体育转播中,由一名体育节目主持人加上一名"明星"运动员(教练或专家)进行组合评论逐渐流行,而且得到了观众的广泛认可和接受。但是,在肯定这种形式的同时,也存在一些问题。例如,有些"明星"运动员(教练或专家)语言表达和反应能力较差,普通话不够标准,影响交流,与主持人配合不默契。还有个别"明星"运动员(教练或专家)因退役,或因其他原因,一时远离了体育事业,从而出现专项知识尚不如资深体育迷的现象。

---

① 沈慧.论我国电视体育解说存在的问题与解说途径[EB/OL] http://www.byzc.com/zhuanye/BoYinLunWen/1772.html 20080910.

在2014年巴西世界杯期间,央视专门聘请著名教练员朱广沪作为评论员远赴巴西前线,本来期望他能够出彩。因为朱广沪的经历很特殊,20世纪90年代他曾作为中国健力宝足球队主教练在巴西待过三年,后来出任过国家队主教练,他还作为深圳足球俱乐部主教练获得过中超冠军。按说,他以这样的经历与资历,完全能够胜任评论员这一角色。可惜的是,朱广沪贫乏的语言和带偏见的态度,一度成为观众集体吐槽的对象,导致网络上骂声四起。

解说员(即主持人)与评论员(即嘉宾或专家)之间如何分工,如何配合,各自要遵守哪些逻辑层次,在我国的电视台、电台都未形成定说。但在美国,体育解说员的主要工作是穿针引线,为评论员服务,评论员才是直播中的主角。美国著名解说员拉里·摩根说:"我们是主持人,并且是为专家、明星进行铺垫的人。我们不需要夸张那些显而易见的东西。实况解说的人只用40%的时间讲话,而评论员则使用另外60%。"① 而我国的体育解说评论界至今还未建立这样的配合原则。

此外,在体育解说评论当中,还存在角色错位现象,也就是解说员过分体现出个人的情感立场,而忽略了其作为媒体人应该具有的中立与客观。黄健翔的"解说门"事件,就是最典型的一例。

2006年德国世界杯1/8决赛第5场意大利对澳大利亚的比赛,整场比赛毫无激情,让人昏昏欲睡。黄健翔的解说同样缺乏激情。直到比赛的最后一分钟,意大利队后卫格罗索带球闯入澳大利亚禁区,获得一个点球。从意大利赢得点球到比赛结束,本场赛事的解说员黄健翔像吃了兴奋剂一样,一下子亢奋起来,完全忘记了自己的解说员身份,刹那间把自己还原为一个狂热的意大利球迷,呐喊高呼:

点球!点球!点球!格罗索立功了,格罗索立功了!不要给澳大利亚队任何的机会。

伟大的意大利的左后卫,他继承了意大利的光荣的传统!法切蒂、卡布里尼、马尔蒂尼在这一刻灵魂附体,格罗索一个人他代表了意大利足球悠久的历史和传统,在这一刻他不是一个人在战斗,他不是一个人!

托蒂,面对这个点球,他面对的是全世界意大利球迷的目光和期待。

施瓦泽曾经在世界杯预选赛的附加赛中扑出过两个点球,托蒂应该深知这一点,他还能够微笑着面对他面前的这个人吗?10秒钟以后他会是怎样的表情?

球进了!比赛结束了!意大利队获得了胜利,淘汰了澳大利亚队。他们没有再一次倒在希丁克的球队面前,伟大的意大利的左后卫!马尔蒂尼今天

---

① 汤姆·海德里克.体育播音艺术[M].任悦,等,译.北京:中国广播电视出版社,2008:102.

生日快乐！意大利万岁！

伟大的意大利，意大利人的期望，这个点球是一个绝对理论上的决杀，绝对的死角，意大利队进入了八强！

这个胜利属于意大利，属于卡纳瓦罗，属于布冯，属于马尔蒂尼，属于所有热爱意大利足球的人！

澳大利亚队也许会后悔的，希丁克在下半时他们多一人的情况下打得太保守、太沉稳了，他失去了自己在小组赛的那种勇气，面对意大利悠久的历史，他失去了他在小组赛中那种猛扑猛打的作风，他终于自食其果。澳大利亚队该回家了，也许他们不用回遥远的澳大利亚，他们不用回家，因为他们大多数人都在欧洲生活，再见！

这长达120秒的激情解说，黄健翔狂喊至声音嘶哑，甚至喊出了"意大利万岁"、"澳大利亚队该回家了"这样十分率性的话语。

如果黄健翔私下以私人身份来进行评点，表达个人立场，这样做自然无可非议。但他作为央视主持人与解说员，就存在角色错位的问题。尽可能客观中立，即便有情感也要适当表露，这是在解说第三方比赛时最好的职业态度。解说我国比赛时也应该奉行此立场。一些地方台解说员在解说比赛时，地域倾向过分明显，似乎只看到自己城市的球队，而完全忽略了对方球队的存在。胜了喜不自禁，败则诸多开脱甚至攻击对方球队。这些都属于角色错位。

四、明知故犯，盗版猖獗

在国内，由于体育赛事资源有限，而央视又因体制、实力、技术等先天优势，垄断了大部分赛事资源，加之一些媒体缺乏法治意识，采编人员缺乏创新精神，体育节目同质化严重，盗版现象日益猖獗。具体表现如下。

首先，盲目的资源竞争导致版权费上涨。由于国内赛事资源贫乏，所有体育频道均在国外寻求资源，购买了各种国外赛事资源。最为典型的案例，就是竞购国外足球赛事资源。欧洲和美洲的足球联赛已经成了全国各级体育频道必争的资源，其结果是欧洲主要国家的足球联赛版权费成倍上涨。例如，广东电视台所属的欧洲足球频道以5000万美元的高价买断了英超2007—2010年三个赛季的播出权。

其次，版权纠纷不断，盗版已成"公开的秘密"。中央电视台体育频道拥有超过80%以上的国际、国内赛事资源，一家独大。每遇到诸如奥运会、世界杯大赛，地方台均纷纷盗播央视的赛事信号，而且这种现象屡禁不止。例如，根据原广电总局信息网络传播监测中心对全国1000多个频道的监测显示，2006年世界杯转播期间，未获授权但违规转播世界杯赛事信号的电视媒体（包括插播或者未插播广告的）共有71家之多，在落地节目中违反规定擅自插播本地

广告的有 48 家,获得授权但擅自扩大转播场次并违规插播本地广告的有 5 家。①

最后,网络媒体盗播赛事信号的现象也相当严重。例如,在 2006 年世界杯期间,至少有 19 家网站有严重的侵权行为。一些网站将央视世界杯的电视信号进行技术转换,然后在互联网上对全世界同步直播。还有一些网站将央视世界杯的电视信号录制后剪成若干个片断,上传至网络服务器或者播客服务器,供网民点播收看,堪称"人性化的盗版服务"。

第三节 媒体体育消费问题

一、电视观众"吃惯了免费餐",体育收视费缺乏市场基础

在国外,付费收看体育赛事对外国人来说早已是家常便饭。但在中国,电视体育观众习惯享受低付费电视节目。这与我国的国情有一定的关系。在购买国际赛事转播权方面,由于我国是发展中国家,在体育观赏市场上存在巨大的潜力,故能得到国际市场的广泛认可;同时,由于国家对广播电视事业实行统一管理等综合原因,使中央电视台和地方电视台能够以相对低廉的价格得到一流赛事的转播权。原广电总局 2001 年 1 月 24 日发布的《关于加强体育比赛电视报道和转播工作的通知》规定:重大的国际体育比赛包括奥运会、亚运会和世界杯足球赛(包括预选赛)在我国境内的电视转播权统一由中央电视台负责谈判与购买,其他各电视台(包括有线电视台)不得直接购买。中央电视台在保证最大观众覆盖面的原则下,应就地方台的需要,通过协商转让特定区域内的转播权。央视因此享有境外重大国际体育比赛中国内地的独家购买权和优先转播报道权,据说,这是为了防止哄抬报道权价格,避免进行恶性竞争。

在国外媒体中,以美国为例,NBC(全国广播公司)和 ABC(美国广播公司)、CBS(哥伦比亚广播公司)的竞标使奥运会等赛事转播权费节节攀升,NBC 为获得 2010 年冬奥会和 2012 年夏奥会的报道权,共付出了 22 亿美元,成本继续呈上涨趋势。与之相比,中央电视台在这方面的花费要少得多。例如,德国 KIRCH 公司为了向国际足联(FIFA)购买 2002 年和 2006 年两届世

---

① 方圆.央视体育频道负责人称奥运电视转播权不容侵犯[EB/OL].http://media.people.com.cn/GB/40606/7052464.html,2008-03-27.

界杯足球赛的全球转播权,花费了数十亿英镑的价格,而中央电视台凭借政府保护,仅以大约 2500 万美元就买到了这两届世界杯在中国内地的有线、无线转播权。① 同样,中央电视台只花了 1.15 亿美元就购买了 2010 年和 2014 年两届世界杯赛的转播权。

体育收视费在我国缺乏市场基础。最为典型的案例就是,因国内多数球迷对收费英超并不买账,直接导致天盛欧洲足球频道严重亏本。

自 20 世纪 80 年代中期以来,北京电视台和广东电视台等地方电视台以录播形式将英格兰联赛引入中国,中国球迷便与英格兰足球通过电视媒介结下了不解之缘。1994—1995 赛季,北京电视台和广东电视台率先在国内直播英超联赛。约二十年来,数以亿计的中国球迷养成了在每个周末观看"免费"英超比赛的习惯。因为中国人多的缘故,全世界最大的英超迷群体非中国莫属。国内已经有所谓的专家,建议对欧洲五大联赛实行有限制的播出,美其名曰保护国产联赛的电视传播,对欧洲联赛直播实行反倾销。

2006 年,广东电视台推出了天盛欧洲足球频道,加之此前的 CCTV 风云足球频道,使国内仅有的两个专业足球频道形成南北割据之势。2007 年 2 月 12 日,天盛欧洲足球频道正式宣布获得 2007—2010 赛季英国足球超级联赛在中国内地的独家转播权。"收费时代来临,免费时代已经过去"这一事实,让习惯于免费收看英超的中国内地球迷们无法接受,一时间全国上下叫骂声不绝于耳,毕竟其一年 600 元左右的收视费,在当时是一笔不小的开支,是很多内地居民不愿支付的。中国球迷早已习惯每月花十几元的有线电视费,看等同于免费的国际足球赛事。绝大多数球迷选择了放弃远高于电视产品消费理念的收视费。此外,天盛欧洲足球频道在渠道覆盖上远未达到全国普及的水平,虽然在原广电总局不遗余力的推动下,截至 2010 年,国内数字电视整体平移用户规模已经达到 4500 万人,但是不足 10 万人的英超订户令天盛欧洲足球频道两年亏损近 3 亿元人民币。

应该说,天盛的失利源于对客户需求的误判,事实再次证明,再好的业务模式,再好的资源组合,如果脱离了客户也会被无情地抛弃。在这种经营压力下,2010 年 8 月,英超新三年版权不再属于天盛,而属于一家名叫"新雅迪"的公司,英超转播重回免费时代,球迷们在各地卫视的体育频道都可以收看英超直播。从天盛的案例可以看出,中国体育电视市场受众与国外不同,而这种不同是各大体育电视媒体在进行市场化运营时必须考虑到的核心问题。

---

① 董奕,夏宁.论我国电视专业体育频道的生存现状和发展模式——以世界杯转播为例[J].现代传播,2002(5):49.

二、电视体育观众普遍存在"只看不练"现象

在现实生活中,电视体育观众可能是那些既亲身参加体育实践活动,又喜欢亲赴赛场观赏体育比赛,同时经常收看体育节目的铁杆球迷,也可能是既不亲身参加体育实践活动,又不爱亲赴现场观看比赛,但特别痴迷电视体育节目的人。应该说,在我国,后者的绝对值远远超过了前者,或者说,他们参与体育活动的形式就是收看电视体育节目这一种形式。

有研究表明,在我国社会主义初级阶段,亲身参与体育运动以及到现场观赏体育比赛的人,在体育休闲活动人群中所占的比例并不高。有人研究发现,在北京、上海、广州这三个城市中,人们平时锻炼选择最多的是散步(54.4%),其次是羽毛球(35.1%)、骑自行车(28.2%)、游泳(24.1%)、跑步(21.3%)等运动,而像足球、篮球这样观赏性强的项目,由于受场地及其他条件的限制,人们参与的比例并不高。同时,到现场观看比赛,对中国人来说可能还是一种比较奢侈的娱乐享受。在 2005 年一年中,北京、上海和广州三地只有不到三成的人曾经到比赛现场观看体育赛事。[①]

相反,欧美人大都热爱体育运动,也喜欢收看电视体育节目,参与体育锻炼的人数和收看电视体育节目的人数成正比。但在我国,常年收看电视体育节目的人,远远高于常年参加体育锻炼的人。

拿跳水来说,中国从事跳水运动的大约只有两三百人,但是收看一场跳水比赛转播的人,至少也在几百万乃至上千万人以上,因为中国人口基数太大,而体育明星太少。其中,伏明霞、郭晶晶等少数明星就是名副其实的万人迷,她们受万众欢迎,固然有她们在国际大赛中屡次技压群芳的因素,更关键在于她们长得漂亮,而且还有很多场外的故事。在我国庞大的跳水迷中,大多数人不会跳水。由于跳水项目没有开展职业化,能够在现场观看跳水比赛的人微乎其微。相反,在美国从事跳水运动的人高达 2 万人,但喜欢收看电视跳水节目的观众远没有中国那么庞大,这是因为美国各个项目的体育明星较多,人们绝不会对一两个跳水明星追捧到几近疯狂的地步。

我国城乡居民通过电视观看体育比赛是一种重要的体育娱乐方式。据多项社会调查表明,我国城乡居民进行体育参与的重要形式是观看电视体育节目,这也是许多家庭的体育娱乐内容和支配闲暇的主要方式。[②]

[①] 白斌,潘青山.电视体育频道的受众市场分析[J].声屏世界,2006(4):57.

[②] 卢元镇.竞技+传媒+观众+商业运作——体育电视文化产业漫谈[J].体育文化导刊,2002(2):8.

三、年轻的传统媒体受众正在不断流失,成为体育"网民"

网络时代到来以后,电视受众的关注度明显下降。目前,以网络媒体和手机媒体为代表的新媒体正在非常强力地瓜分传统电视的受众市场。截至2008年底,中国网民规模达到2.98亿人,大幅度超过美国,跃居世界第一位。截至2009年12月,中国网民中使用手机上网的人数已经达到2.33亿人。截至2014年6月,我国网民规模达到6.32亿人,其中手机网民达5.27亿人,手机上网比例首次超过传统PC(个人计算机)上网比例。新一代年轻人主要的信息和娱乐通道是新媒体,电视的收视率整体明显下降。在体育赛事收视领域,不少年轻的体育媒体受众倾向于通过网络收看比赛直播。这其中既有主观因素,也有客观因素。

从客观上看,因付费频道的垄断或传统电视媒体不转播大赛导致年轻受众流失。一方面,受到付费收看体育比赛(如天盛足球频道收取一年600元左右的英超联赛收视费)的影响,年轻人宁愿到网上收看画质模糊不清、画面时断时续的英超视频直播。另一方面,电视台对重大足球赛事采取不播的态度,比如2010年央视从东亚四强赛开始封杀了国家队比赛的直播,中国队的比赛与央视体育频道绝缘,让不少人只好上网看视频。

从主观上看,年轻的体育媒体受众多为学生,他们大多惯于将网络作为获取信息的主要渠道。在电视体育观众的职业构成比例中,学生是体育电视节目观众的重要构成部分。因此,不少年轻的传统媒体受众尤其是大学生由于缺乏收看电视的条件而纷纷把收视渠道选定在网络上,通过网络来收看比赛。

随着手机上网快捷化、套餐化,以及公共场合无处不在的Wi-Fi(一种短距离高速无线数据传输技术,主要用于无线上网),现在的年轻人越来越习惯于将手机与网络绑定起来,用手机的时间甚至超过了电脑终端,很多年轻人变成了"手机控",这就给免费体育赛事营销提供了商机,以乐视体育为代表的新媒体体育又把受众拉回了免费盛宴时代。乐视网致力于打造基于视频产业和智能终端的"平台+内容+终端+应用"的完整生态系统,具有五屏终端(院线屏、电视屏、电脑屏、平板屏、手机屏),实现品牌全覆盖。乐视体育对于传统电视体育带来了全面冲击。

除了网络视频外,网络信息也是许多年轻人了解体育比赛的第一落点。一些人可能会通过电视观看比赛,但看完电视后一定会选择上网来了解更多比赛信息,或者发表评论。网络体育信息传播存在诸多优势,如海量、快捷、互动性强等。但与此同时也会存在一些问题,比如,在网络信息来源上缺乏权威性,在内容上缺乏深度,存在快餐化现象。这种快餐化报道不追求营养内涵,只注重实用性。新闻标题变得格外"诱人",各种讲究感官冲击的图片充斥着

我们的阅读视野,而新闻内容的内在深度却在慢慢淡化。

多数网络媒体目前仅扮演了信息发布平台的角色,而不具备传统媒体的解读信息的功能。同时,网络信息超载常常使受众不堪负荷,淹没在"信息海洋"中。在与网络争夺体育受众的过程中,一些传统媒体为了能吸引眼球,不惜降低自身的深度性,借鉴网络媒体,更多地追求新闻本身的娱乐化、标题的刺激化以及内容的肤浅化。这种模式尽管可以在短期内得到更多的关注,获得一些利益,但从长远的发展来看,无论是对于传统媒体本身,还是对于大的传播环境而言都是不利的。

同样,在体育运动的消费市场里,盲目追求运动品牌已经成了时下不少年轻人选购运动服装或装备时的一大现象。现在的年轻消费者选购运动服装或装备时不仅看质量,还要看品牌。以球鞋为例,在国内各专卖店,国产品牌如特步、安踏等,球鞋价位一般在 100 到 400 元之间,而耐克、阿迪达斯等国外名牌,价格则从 500 到 1500 元不等,但是,这些鞋的价位仍然没能阻挡消费者购买的热情。年轻人崇尚名牌,是因为他们崇拜明星,如今明星与名牌结成了联盟。正如娜奥米·克莱恩(2000)所说:"将耐克弹向品牌化天堂的,是乔丹优秀的篮球技巧,但将乔丹塑造成超级明星的,却是耐克的广告。"[①]

---

① 娜奥米·克莱恩. NO LOGO:颠覆品牌全球统治[M]. 徐诗思,译. 桂林:广西师范大学出版社,2009:72.

第五章

我国媒体体育的发展对策

当前我国媒体体育所面临的现实问题,仅仅从媒体体育内部(机构、文本、受众)着手是没有办法得到解决的,我们必须从整个社会系统特别是赛事运营系统所关涉的方方面面去全面、立体地思考,才能抓住问题的"牛鼻子",就像一个地区如果流感流行,防治的重点除了医治患者之外,还要从环境整治入手。因此,本书的对策研究,力图跳出媒体体育圈子,从体育产业的宏观与动态视角,提出构建我国标准化体育赛事运营管理模式(或系统)的整体改革思路,以此促进我国媒体体育的健康、均衡与可持续发展。

第一节 媒体敦促体育部门管办分离,"三善"媒体

一、敦促体育部门尽快打破"事权不明、管办不分"的陈旧格局

目前,我国体育行政部门是事业单位,也是体育管理机关,握有重要的权力资源与体育资源,从而造成体育事业与体育产业权责不清、管办不分的突出矛盾。以中国足球管理中心(简称"足管中心")和中国足球协会(简称"足协")为例,足管中心是国家体育总局的直属事业单位(正司级);足协是中国足球运动的管理机构,它是亚洲足球联合会及国际足球联合会的成员,是全国性群众体育组织,是非营利性民间团体,是中华全国体育总会的单位会员,接受国家体育总局和民政部的业务指导与监督管理。这在事实上就造成了足管中心与足协是"一套人马,两块牌子",前者领导后者,或者说两者根本就是一个机构,足管中心的主任、副主任不用选举就是足协主席或副主席,这样做,美其名曰是为了方便工作。在这种体制下,足管中心或足协一方面对足球运动负有全面管理的职能,另一方面在职业足球市场开发运作过程中又进行经营。所以,足管中心扮演了"官、民、商"三位一体的角色,它既办比赛,又管竞赛,还是仲裁者,这几乎是计划经济行为在市场经济条件下的翻版。[①]

在西方,没有什么足管中心,只有足协。足协在联赛组织方面具有一定的协调权力,而联赛的权力在于由各俱乐部组成的联赛委员会。在我国,足管中心与足协联体,这本身是一种先天性的制度缺陷,势必造成它们的任何行动都具有浓厚的行政色彩,意味着它们不可能完全按照市场经济规律办事。对于足管中心与足协官员来说,它们的政绩不是取决于各俱乐部的投入与产出比,而是国家队能否出成绩,因为国家队的成绩意味着它们的政绩。在政府或官员办足球的背景下,一切工作服从于国家队,一切权力"收归国有",包括运动

---

① 江和平,等.中国体育产业发展报告(2008—2010)[M].北京:社会科学文献出版社,2010:5.

员的时间、广告、运作、转会等。足管高层事权不明,管办不分,直接的后果就是职业俱乐部定位不准确,产权不明晰,绝大多数俱乐部未真正成为自主经营的企业化职业俱乐部。

在这种背景下,指望足管中心或足协深化改革、简政放权,无异于痴人说梦。即使这样,体育媒体更不能缺位,应该通过新闻报道、公众舆论、内参上报等多种形式,呼吁政府高层将足管中心与足协分离,或者说将足协从足管中心剥离,充分发挥足协的非政府职能。应积极采取"拿来主义"的方式,充分借鉴英超、NBA 等欧美发达国家职业体育的先进运营模式,彻底改造中国的职业体育联赛,造福于民。

2015 年 8 月 17 日,《中国足球协会调整改革方案》正式对外公布。中国足协与体育总局脱钩,依法独立运行,在内部机构设置、工作计划制订、财务和薪酬管理、人事管理、国际专业交流等方面拥有自主权。

二、帮助体育部门建立体育信息主管、新闻发言人、危机公关等基本制度

十几年来,我国的体育媒体与体育组织摩擦不断,抛开各自利益冲突以及媒体自身弱点不说,更重要的原因在于体育组织不能平等与平和地看待体育媒体,不懂得媒体的属性与使命,不善于与媒体打交道。2010 年 1 月 4 日,时任中央政治局常委李长春同志在全国宣传部长会议上指出,各级党委要适应时代发展要求,努力提高与媒体打交道的能力,切实做到善待媒体、善用媒体、善管媒体(简称"三善"媒体),充分发挥媒体凝聚力量、推动工作的积极作用。这给我们正确处理体育部门与体育媒体之间的矛盾关系,提供了很好的启发性思路。

首先,各级体育组织一定要尽快建立体育信息主管制度。

体育信息主管(Sports Information Director,SID)是从 20 世纪 40 年代中期美国大学公共关系联合会的一个体育部门发展而来的,而体育公共关系是在公共关系的发展过程中,因为推广体育和吸引体育迷而产生的。根据威廉·尼克斯等(2002)的研究,体育信息主管是以为公司或者体育组织创造一种良好的公众形象为主要职责的一种职业,其有两大使命:提供信息和制造娱乐。[1]

在实际工作中,体育信息主管是体育组织的日常代表。塑造体育组织的形象,是其最重要的工作职责。体育信息主管是体育组织与体育媒体之间的

---

[1] 威廉·尼克斯,等.体育媒体关系营销[M].易剑东,等,译.沈阳:辽宁科学技术出版社,2005:61-78.

桥梁和纽带,体育组织希望体育信息主管向媒体提供的信息可以增加组织自身的曝光率,并能强化自身的社会形象;而体育媒体本着吸引广告主和受众的方法来整理和传播信息。因此,体育信息主管必须确保媒体的报道能够吸引受众。能够掌握好双重角色的体育信息主管通过增加媒体的报道,吸引更多的现场观众,而且没有大的压力和偶然的负面效果。[①] 在实际工作中,体育信息主管的主要功能有三类:信息发布、娱乐管理和财务管理。这是一个身兼数职的岗位,要求从业人员具有很高的综合素质。

在美国,无论是中学、大学的运动队还是职业体育俱乐部都设有体育信息主管这一职位,截至2002年,全美从事这一职业的有16万~20万人。优秀的体育信息主管可以引导媒体报道更多的正面新闻,他们与媒体和社区之间建立一种公开和诚实的关系,这种关系是基于双方的信任和相互尊重。因此,易剑东(2006)认为,从某种意义上说,体育信息主管不是专指某一个人,而是一个职业的名称,甚至是一种制度。[②]

在我国,一些体育组织开始设置新闻官,这与体育信息主管有些类似,但其职责范围、工作效率、从业人数等无法与之比拟。随着我国从体育大国向体育强国转型,我们急需引进这一制度,急需培养这种一专多能的人才。

其次,各级体育组织一定要建立与完善新闻发言人制度。

新闻发言人的源头可以追溯到1904年的日俄战争时期。1904年7月,日方把大批记者召集到中国长春,集中介绍战况。我国的新闻发言人制度肇始于20世纪80年代。"1983年4月23日,中国记协首次向中外记者介绍国务院各部委和人民团体的新闻发言人,正式宣布我国建立新闻发言人制度。"[③]随着20世纪90年代中国足球职业联赛的兴起,体育组织的媒体意识增强了,体育新闻发言人也随之问世了。

那么,究竟什么是新闻发言人呢?百度百科名片称,新闻发言人,是代表其他自然人或法人(如公司、政府或其他机构)的身份发言,并向记者宣传情况、回答提问的公共关系人员。许多政府部门和企业都有发言人,而许多职业运动员及艺人常由其经纪人兼任发言人。其职责是在一定时间内就某一重大事件或时局的问题,举行新闻发布会,或约见个别记者,发布有关新闻或阐述本部门的观点、立场,并代表有关部门回答记者的提问。学术界常引用的"新闻发言人"概念是:"国家、政党、社会团体任命或指定的专职(比较小的部门为

---

① 威廉·尼克斯,等.体育媒体关系营销[M].易剑东,等,译.沈阳:辽宁科学技术出版社,2005:62.
② 易剑东.中国体育媒体服务系统的构建[M].杭州:浙江大学出版社,2006:3.
③ 中国社会科学院新闻研究所.中国新闻年鉴(1984)[M].北京:光明日报出版社,1984:482.

兼职)新闻发布人员,其职位一般是该部门中层以上的负责人。新闻发言人的职责是在一定时间内就某一重大事件或时局的问题,举行新闻发布会,或约见个别记者,发布有关新闻或阐述本部门的观点立场,并代表有关部门回答记者的提问。"①

为什么要建立新闻发言人制度呢？在海量的信息面前,人们往往无所适从,希望知道重大事件和社会热点问题的真相,听到权威的声音。而实施新闻发言人制度,有利于人们看到权威性的言论,避免小道消息影响社会公众的正确判断。

新闻发言人作为一种"制度",其内容涉及所有与公众利益直接相关的问题,它是一种接受公众公开咨询、质询和问责的制度安排。我国政府的新闻发言人制度具有如下实际效能：第一,满足公众对知情权的需要,实现公众的民主权利；第二,引导舆论,协调政府与社会公众沟通之间的矛盾；第三,促进政府形象建设,提高政府在公众中的美誉度和公信力。我国从2010年开始建立党委新闻发言人制度。

各级体育组织机构的新闻发言人,即体育新闻发言人,除了应具备一般新闻发言人懂得新闻传播与公共关系的基本素质外,还必须精通体育。从传播学角度看,体育新闻发言人制度是通过议程设置对体育舆论进行控制。体育新闻发言人制度体现了体育组织从自身的立场出发,设定政策议程,以此影响媒体议程,进而设定公众的议程,从而形成一种有利于自身的公共舆论。比如,职业联赛新赛季赛程、赛制的发布,规则的改变,新规的颁布等,都需要召开新闻发布会。

如果说体育信息主管是一种一专多能的基层公关活动事务官的话,那么,体育新闻发言人则是一种高素质的议程设置专家,一种行业或部门的公共舆论负责人。其活动不像体育信息主管那样频密,但比体育信息主管更重要。

最后,各级体育组织一定要学会危机公关。

在社会转型期,体育领域突发性的危机事件频发,需要进行危机管理,即危机公关。所谓危机公关,指的是"组织危机的公共关系处理",即"任何社会组织,为了处理给公众带来损失、给企业形象造成损害的危机事件,以及预防、扭转或改变组织发展的不良状态所采取的公共策略与措施,也就是组织从公共关系的角度,对危机的产生、发展、变化,采取或实施的有针对性的一系列控制行为,其内容主要是对危机进行预防和处理"。②

体育危机同其他危机事件一样,也会产生种种难以预料和难以估量的损

---

① 刘建明.宣传舆论学大辞典[M].北京:经济日报出版社,1992:357-358.
② 朱文尧.政府危机公关下媒体的主动性[J].青年记者,2008:3.

害。但体育危机有比一般危机更严重的可能性,因为重要体育赛事都有电视直播,如果在比赛过程中出现危机事件,其社会危害就更大。根据体育危机事件发生的主体,我们可以将体育危机划分为管理者危机、运动员危机、裁判员危机、媒体人危机和观众危机等。一般危机有意外性、聚焦性、破坏性、紧迫性等特点,而体育危机还具有竞争性、难控性等特点。

体育危机的危害性不可小看,其破坏性主要表现为:给消费者乃至社会带来严重负面影响,导致传播生态环境恶化;损害明星公众形象,影响其声誉和商业价值;破坏国家和政府的形象,带来生命和财产损失。比如,自从1985年5月19日中国内地足球队在北京工人体育场以1比2输给香港足球队,引发了球迷骚乱之后,中国足协很少安排中国足球队在北京举行国际比赛,这就是体育危机的危害性所在。刘翔在北京奥运会上突然退赛,就是一场体育危机。而2010年前后,中国足坛爆发了假球、黑哨、赌球、腐败等"大地震",这在当时是一场新的更大的体育危机。

当体育危机来临时,如果处理得当,则可以变被动为主动;如果处理不当,则可能会成为一场灾难。因为一旦任何危机到来,它都会破坏组织系统的稳定与常态,迫使其重新进行选择,挽回损失,树立新形象。而危机公关,其实主要就是媒体公关,利用媒体,化危为机。这是由于媒体具有得天独厚的公关职能:一是能形成畅通的信息传播渠道,减少谣言的传播机会;二是能与公众实现有效的双向沟通与良性互动;三是主流媒体往往具有公信力,容易形成组织的正向舆论。

1992年5月,英国著名公关理论权威、前国际公关协会主席萨姆·布莱克教授应邀来华讲学,提出危机处理须遵循以下原则:第一,立即作出反应;第二,向新闻界提供全部和准确的情况;第三,尽最大可能安抚受害者及其家属。英国危机公关专家里杰斯特对此提出著名的"三T"原则:第一,以我为主提供情况(Tell your own tale);第二,提供全部情况(Tell it all);第三,尽快提供情况(Tell it fast)。

具体到体育危机的公关处理,我们可以采取如下原则与方法。一是快速反应,先发制人,切忌拖拖拉拉的"鸵鸟"策略。如果在24小时内迅速作出反应,则有利于将危机控制在最小范围内。二是公开透明,坦诚担责,切忌隐瞒事实真相、暗中运作。三是精确制导,一致对外,切忌与媒体沟通时一人一个调。四是协同媒体,留有余地,切忌"无可奉告"等说辞。五是善用媒体来设置议程、引导舆论。

一旦危机出现,快速反应至关重要。根据美国传播学者的研究,当受众面对两种相互冲突的信息时,两种信息的不同呈现顺序会影响受众对信息的接受。即当呈现信息A,紧接着呈现信息B,且在信息呈现后延迟一段时间再测试态度的改变,受众就会倾向于接受信息 A,这就是所谓的"首因效应"。①

对照上述原则与方法,2008年8月18日,刘翔退赛的危机公关堪称经典。当天,大约在刘翔退赛半小时之后,国家体育总局田径运动管理中心负责人、中国田径队总教练冯树勇与刘翔的教练孙海平就出席了新闻发布会,冯树勇用中英文介绍了诸多情况,并回答了中外记者的提问,孙海平也回答了记者提问。众多中外电视媒体对此进行直播。这场发布会,受众除了了解到更多关于刘翔伤情的信息外,对于冯树勇那一口地道的外语(专家型领导)和孙海平那撕心裂肺的痛哭(父亲型教练)印象深刻,这使得一个严肃的危机事件,慢慢有了一些悲情的味道了,仿佛主人公从一个变为三个了——退赛的刘翔、专业的总教练和慈祥的教练,公众从质疑转为同情。当天下午,新华社与中央电视台又先后播发了时任中共中央政治局常委、国家副主席习近平对刘翔和孙海平教练的慰问与鼓励消息。

习近平致电体育总局转告对刘翔孙海平的慰问鼓励

2008年08月18日   来源:新华社

新华社北京8月18日电   中共中央政治局常委、国家副主席习近平18日中午获悉刘翔因伤病退出北京奥运会110米栏预赛的消息后,立即致电国家体育总局,请转告对刘翔和孙海平教练的亲切慰问和热情鼓励。

习近平在慰问电中说,中央领导同志对刘翔的伤病很关心,希望刘翔能够及时治疗,早日康复。

习近平说,刘翔因伤病退出比赛,大家都会理解,希望他放下包袱,安心养伤,伤病痊愈后,要继续刻苦训练,增强斗志,为祖国争取更大的荣誉。

当国家体育总局负责同志把习近平的慰问电转告给刘翔和孙海平后,师徒二人十分感动,一再表示感谢中央领导同志的关怀和鼓励,决心积极治疗,争取早日重返赛场。

这则消息,实则有统一口径的意味,那就是:刘翔退赛,情非得已。其潜台词是:希望媒体不要再去追问刘翔为何退赛、为何不早些公开伤情等问题,更不要出现"杂音"了。紧接着,刘翔的赞助商都纷纷表态,表示进一步支持刘翔。刘翔可以非常体面地暂时消失在公众的视线之外,安心养伤,后面再择机复出。至此,刘翔退赛的公关危机成功收官。

由此可见,当危机不幸降临时,是否进行危机公关的决定,往往需要由单位的高层人士做出,而具体公关策略则可由单位的中层或基层人士来组织实施。

---

① 张任明.迅速开放传播渠道——公共危机事件中的政府传播对策[J].公关世界,2003(10).

2012年伦敦奥运会，同样的事再次在刘翔身上上演，不同的是，这次刘翔选择了单腿跳到终点，相比2008年的转身而走，从公关角度来看，刘翔的这一行为其实就是最好的危机公关。除此之外，冯树勇作为中国田径总教练，像2008年北京奥运会刘翔退赛一样，他再一次临危受命，担当了危机发言人的角色，在赛后3小时召开了新闻发布会，并在后续的相关采访中也表达了相应的态度。下面我们不妨对他在新闻发言中的危机语艺策略进行浅析。所谓危机语艺策略，也叫危机修辞策略，其目的在于教导组织根据不同的危机诱因与危机情境寻找相对应的言说内容。

刘翔再次伤退，公众首先会质疑赛前为何没有预料到。而新华社记者赛前发布的一篇《退赛不可耻》的相关报道，又让人怀疑刘翔的伤情早已被小范围内知晓，为何还要带伤上场？是不是受到什么压力？针对这些质疑，冯树勇在新闻发布会上主要采用了否认策略。他在表示遗憾的同时，否认赛前会预料到出现这么严重的伤情，尤其是"跟腱断裂"。他说："如果想要在这样的赛制下取得好成绩，要适应好这个赛制，（刘翔在）适应的过程中伤情有些加重。但是在赛前判断中没有想到会出现今天这样的情况，特别是跟腱断裂的话，我想90%以上是没有征兆的。跟腱断裂对运动员甚至普通人来说也是经常出现的，而且在今天比赛前，刘翔并没有预料到会无法坚持完比赛，我们也没预料到这种结果。"

冯树勇的这一否认，实际上也包含着澄清，目的在于告知公众，这种跟腱断裂的伤情不可能提前预料。刘翔没有预料到，他背后的团队也没有预料到。此外，在随后几天的记者采访中，针对有舆论提出的"被迫出赛"说，作为田径运动管理中心副主任的冯树勇表示："刘翔受伤纯属意外，无人强迫他出赛。"他坚决否认了相关指责，同时还解释说："赛前刘翔充满信心，认为预赛是没有问题的。他自己本身也没有意识到会有这么严重的问题产生。如果我们知道会出现伤情，肯定会阻止他参赛的，更不可能逼着刘翔参加比赛。保护运动员是我们的第一原则。"

另外，冯树勇还在相关发言中表明刘翔行为的正当性。当央视记者冬日娜问到刘翔是否知道自己有可能完不成比赛时，冯树勇表示："没有想到过这一点，赛前他只是感觉到不舒服，会痛，我也一再观察他，我想他是有信心的，至少能够通过第一轮的比赛，按照他的实力，通过预赛也不是难事。但是，跟腱如果出现撕裂或者断裂，是无法做动作的。"

冯树勇的发言，致力于将公众引向刘翔单腿跳到终点这一行为的评价上。他认为，在这个过程中，刘翔展现了中国运动员坚强的意志品质和风貌。冯树勇认为，运动员"能够参加奥运会获胜很重要，我们要追求卓越打破极限，获胜的选手值得我们喝彩，但是，我们要记住奥林匹克的精神是重在参与"。冯树

勇再一次将公众对刘翔伤情的关注引到更高的格局与目标,并说明此目标等同于奥林匹克价值观,不知不觉之间提升了大众的认同感。

冯树勇说:"今天我很伤心,但是,我更为刘翔感到骄傲,2008年以后,他一直在为这届奥运会付出努力,他一直在和伤病做斗争,克服了一个又一个的困难,在奥运会关键时刻,他又遭遇了伤病,我们真的感到很遗憾。"事实上,这一策略在刘翔团队中被反复运用,有效引导了公众的舆论,在一定程度上转移了公众对刘翔是否受到压力才上场这一尖锐问题的关注。虽然其后有部分市场化媒体对刘翔事件提出了诸多疑问,但包括新华社、《人民日报》等在内的主流媒体都肯定刘翔英雄般的行为,认为他的举动展现了奥林匹克精神,是伟大的跨越。

三、帮助体育部门构建大型赛事的媒体运行服务体系

(一) 媒体是大型赛事成功与否的主要评判者

对于什么是大型赛事,学界没有定论。易剑东(2008)认为,大型体育赛事主要包括两类:全运会以上的综合性赛事和世界级别的单项锦标赛。例如世界杯、世锦赛、F1大奖赛等。"但这里界定的大型体育赛事一般不包括某一国家的某一项目职业联赛。"[①]如今,大型赛事越来越多,容易引起全社会的关注,有些有影响力的国内赛事或一国联赛也可以算进去。当然,奥运会就更不用说了,它已经演变成全球化的"媒介事件"。因为大型赛事"都是经过提前策划、宣布和广告宣传的","媒介只是被邀请或主动参与的",而"竞赛"、"征服"与"加冕"——"这些意识使极其庞大的观众群体为之激动"。[②]

当今社会,也只有战争、体育、突发事件(灾难、绯闻)最容易构成媒体事件,它们共同的特点是能够吸引众多的媒体来关注。"尽管观众日益细分,但我们比以往更有能力在瞬间团结成一个国家——例如通过现场直播观看'9·11事件'、超级杯比赛或伊拉克战争。"[③]大型赛事吸引世界各地的媒体来做新闻报道或相应评价,那么,赛事的组织方即体育部门就要为前来报道的媒体提供相应的服务,并通过服务来塑造自身形象,这就构成了新闻报道与媒体服务之间的关系。

以北京奥运会为例:北京奥运会从2008年8月8日至24日,共举办17天,共有200多个国家与地区的人员参加,其中包括10666名运动员,21600名注册媒体记者,10000左右非注册媒体记者(没有正式采访证、不能进入赛场的

[①] 易剑东.大型赛事报道与媒体运行[M].杭州:浙江大学出版社,2008:11.
[②] 丹尼尔·戴扬,伊莱休·卡茨.媒介事件[M].麻争旗,译.北京:北京广播学院出版社,2000.
[③] 斯图亚特·艾伦.新闻文化[M].方洁,等,译.北京:北京大学出版社,2008:253.

记者),8000名赞助商及合作伙伴,4000名正式工作人员及4000名合同商工作人员,1800名IOC(国际奥委会)、IFs(国际单项体育联合会)官员和技术官员,100000名志愿者,50多万名境外游客,近200万名国内游客,向220个国家和地区转播,覆盖40亿名以上观众。上述各项数字代表了北京奥运会的总体规模。

应该说,在北京奥运会期间,全北京乃至全中国都在进行各式各样的专业与对口服务。其中,最重要的服务就是媒体服务。前国际奥委会主席萨马兰奇曾经说过:奥运会成功与否是由媒体做出评判的,外国媒体更能衡量奥运会的成功。媒体是一届奥运会是否成功的最终评判者,这种说法现已得到普遍认同。因为奥运会报道是人类社会最大规模的媒体传播活动,奥运会的盛况和举办城市的风貌通过媒体传播到世界各地,媒体报道左右人们对奥运会和东道主城市、国家的看法和评论,离开媒体的报道和传播,奥林匹克运动就无法对世界产生如此广泛和重大的影响力。

从1980年至2012年,除1992年巴塞罗那奥运会之外,报道奥运会的注册媒体记者呈逐届上升趋势(见表5-1),记者的数量远远超过了运动员。其中,北京奥运会的注册记者21600人,非注册记者有3万人左右,这样,注册记者与非注册记者的总和至少超过3万多人,他们与参赛运动员之比至少为3比1。2012年伦敦奥运会期间,共有180多个国家和地区派出了共20800名注册记者及五六千名非注册记者前往报道,从事新闻报道的总人数较之北京奥运会优势减少,但也达到26000人左右。事实上,从2000年悉尼奥运会开始,媒体运行就已成为赛事组织方必须面对并加以解决的重大课题。

表5-1 1980年至2012年夏季奥运会注册媒体记者与参赛运动员人数统计表

单位:人

年份	1980	1984	1988	1992	1996	2000	2004	2008	2012
参赛运动员人数	5217	6797	8465	9367	10318	10651	11099	10666	10500
注册记者总数	7960	8700	15290	12830	15834	16300	21500	21600	20800
运动员与注册记者之比	1:1.5	1:1.3	1:1.8	1:1.4	1:1.5	1:1.5	1:1.9	1:2	1:2

(二)媒体运行及其服务对象

一般而言,媒体运行就是媒体服务,或者说,媒体运行也称媒体服务,它与媒体服务其实是一个术语的两种叫法。北京奥组委主编的《奥运会媒体运行》一书称,媒体运行的实质是媒体服务,就是要为前来采访报道奥运会的全世界媒体机构提供服务。北京奥运会媒体运行部负责人徐济成(2009)认为,媒体运行就是媒体服务的运行。它是一个历史悠久的系统工程,其核心是服务。在媒体运行过程中,媒体成为赛事组委会的客户,成为管理、服务、说服、利用与合作的对象。[①] 媒体运行"是大型体育赛事的生命线,媒体服务在赛期的运作水平直接影响到媒体报道的整体效果,影响到媒体对整个赛事的评价"[②]。

奥运会媒体运行的对象包括注册记者(文字和摄影记者、广播和电视记者)、持权转播商、主转播机构。在有些文献中,只把注册记者作为媒体运行的服务对象,非注册记者由其他部门提供服务。所谓注册记者,是指根据配额在组委会办理了记者证的记者,他们能凭证进入相应的采访区域,并享受组委会媒体运行部为之提供的各种周到的媒体服务。所谓非注册记者,是指由未获得组委会配额而由媒体或新闻单位自行派赴比赛城市的记者,他们只能通过购票或其他方式进入比赛场馆和指定的媒体服务区,也能享受到组委会媒体运行部为之提供的多种服务。在奥运会期间,除了场馆媒体中心外,实际上还存在三大媒体服务机构:为文字和摄影记者提供服务的主新闻中心,为广播和电视记者、持权转播商、主转播机构提供服务的国际广播中心,为数万名非注册记者提供服务的国际新闻中心。主新闻中心与国际广播中心由媒体运行部负责运营,而国际新闻中心则由中宣部下属部门负责管理。

据悉,"非注册记者"起源于悉尼奥运会,当时有3600人,到雅典奥运会时升至4100人,而北京奥运会非注册记者迅速膨胀,约有3万余人,其数量首次超过注册记者。[③] 非注册记者其实是一种"编外记者",他们与注册记者的区别只在于一个无证、一个有证,但从新闻记者采访功能发挥来看,大家都一样。非注册记者因为不便进场观赛,他们更多关注比赛之外的城市新闻或社会新闻,他们对于赛会的评价比注册记者还要敏锐,而且不留情面。全球著名的新闻机构CNN(有线电视新闻网),由于国际奥委会不接受该机构为持权转播商,该机构的记者对于北京奥运会的一线报道只能以非注册记者的身份进行外围采访。

由于1996年亚特兰大奥运会没有善待记者,造成了不良的国际舆论形象,于是,2000年悉尼奥运会吸取了这方面的教训,在奥运会期间,不仅没有出

---

① 第29届奥林匹克运动会组织委员会.奥运会媒体运行[M].北京:中国传媒大学出版社,2007:32.

② 易剑东.大型赛事报道与媒体运行[M].杭州:浙江大学出版社,2008:179.

③ 谷正中.解读奥运媒体大战:两新媒体首亮相ONS和BOB最牛[EB/OL].http://sports.sina.com.cn,2007-12-05.

现对非注册记者提高收费标准的做法,而且公平地为没有获得正式采访资格的记者们提供了一个100平方米左右的场所,用来提供一站式的新闻服务。

2004年雅典奥运会延续了这一良好传统,为非注册记者设立了占地400多平方米的"第二新闻中心",从而赢得了媒体的广泛赞同。即使雅典的场馆建设直到奥运会开幕前一天才完全搞好,也很少有记者对此持批评态度,这与非注册记者享受到了与注册记者同等的服务不无关系。

同样,北京奥运会更加重视非注册记者,组委会在一个五星级酒店专门为他们设置了面积达数千平方米的国际新闻中心。2012年伦敦奥运会期间,东道主继续善待非注册记者,非注册记者总人数也达到五六千人左右。

(三)媒体运行的基本体系

一般而言,赞助商解决奥运会的经费问题,媒体运行解决奥运会的新闻报道问题,北京奥组委为此专门设立了媒体运行部。下面是根据北京奥组委《奥运会媒体运行》(2007)一书所做的整理。

奥运会媒体运行的目的:旨在创造良好的工作环境,以便文字、摄影及广播电视媒体人员能够充分报道奥运会盛况,覆盖尽可能广泛的受众。

奥运会媒体运行的任务:负责为奥运会期间注册的文字记者和摄影媒体组织、提供、运行所有媒体设施和服务;同时组织运行主转播机构,为持权转播商提供相应的设施和服务。

媒体运行的主要功能:第一,规划和实施在 MPC(主新闻中心)、IBC(国际广播中心)、各 VMCs(场馆媒体中心)、奥运村、媒体村以及 IOC(国际奥委会)总部饭店的媒体设施和服务;第二,奥林匹克新闻服务(ONS)为赛时的 INFO2008 系统提供全面均衡的新闻信息;第三,规划和实施 MPC 摄影记者工作间和柯达影像中心、竞赛场馆内的摄影服务设施;第四,规划和协调媒体的一般服务,包括注册、住宿、交通、收费卡、专业志愿者项目、出版发行以及与各 NOCs(国家奥委会)和新闻机构的沟通。

媒体运行的两大业务领域:新闻运行和广播电视转播运行(见表5-2)。

表5-2 奥运会媒体运行的业务领域

新闻运行 (Press Operations)	广播电视转播运行 (Broadcasting Operations)
主新闻中心 (Main Press Center/MPC)	持权转播商 (Rights-holding Broadcaster/RHB)
场馆媒体中心 (Venue Media Centers/VMCs)	主转播机构 (Host Broadcaster)

续表

新闻运行 (Press Operations)	广播电视转播运行 (Broadcasting Operations)
摄影服务 (Photo Service)	国际广播中心 (IBC)
媒体服务 (Media Service)	转播协调 (Broadcasting Coordination)
奥林匹克新闻服务 (Olympic News Service/ONS)	

新闻运行包含了MPC、VMCs、摄影服务(Photo Service)、媒体服务(Media Service)和奥林匹克新闻服务(Olympic News Service/ONS)等5大业务领域。新闻运行的主要任务是为成千上万的文字和摄影媒体记者,以及为获转播权的广播电视媒体人员提供完善的设施和服务,让他们充分报道北京奥运会。

广播电视运行是奥运会媒体运行的一个十分重要的领域,通常由组委会成立一个主转播机构(OBO)提供公用信号,并向持权转播商提供服务。北京奥运会的主转播机构北京奥林匹克转播有限公司(BOB)是由国际奥委会(IOC)所属奥林匹克转播服务公司(OBS)与组委会联合成立的中外合作企业。BOB是北京奥运会的主转播机构和主转播商,与组委会的关系是战略合作伙伴。奥运会一半以上的收入来自BOB,BOB的收入主要来自持权转播商,即购买了转播权的机构。据了解,北京奥运会期间共有持权转播商16家。最大的一家是美国全国广播公司(NBC)。

广播电视运行业务领域包括IBC、摄像机位、混合区、电视转播综合区、卫星上传区、风景摄像机位、评论员席、观察员席、评论控制室、转播信息办公室、媒体交通、收费卡等。

媒体运行的原则:第一,媒体优先原则;第二,资源共享原则;第三,提供采访机会原则;第四,客观平衡原则;第五,方便快捷原则;第六,周到细致原则。

其中,在资源共享方面,奥组委充分考虑到因场地、名额、资金等资源限制,奥运会不可能全部满足所有媒体现场采访的需求,但是可以通过主报道机构提供相应信息供其他媒体共享。比如,奥林匹克新闻服务(ONS)可以为前来采访报道奥运会的媒体免费提供赛前信息(包括运动员简历、历史成绩、背景信息、体育项目纪录等)、赛时新闻(包括赛事前瞻、赛事回顾、即时引语、新闻发布会摘要、媒体通告等)和成绩公报等新闻素材,其作用相当于奥运会赛时的临时通讯社。在电视转播方面,BOB作为主转播机构承担所有比赛国际电视信号(ITVR)的制作任务,其他200多家电视机构只需要利用这些公用电视信号,适当补充一些自己制作的单边信号和解说,就可以出色地完成电视报道,满足本国或地区观众的需求。

媒体运行的特点:第一,记者数量规模庞大;第二,新闻竞争要求高质量的服务;第三,媒体运行接口多、服务难。

媒体运行在奥运会运行体系中的重要地位:第一,媒体运行是连接奥运会、主办城市与全世界的桥梁;第二,媒体运行直接关系到全世界对奥运会的评价。大众评判奥运会的依据,主要来自现场观赛、收听或收看广播电视和阅读各种文字报道。上述三个渠道,有两个与媒体有关。

(四) 奥运会媒体运行带来的启示

1. 服务媒体比对外宣传更重要

因为国情和体制的原因,过去我国大型赛事的组委会一般只设宣传部或新闻宣传部(本来新闻与宣传就不一样,这里只能将"新闻宣传"当作偏正结构看待,重在宣传),不设媒体运行部。但是,国际通行的做法是不设宣传部,而设媒体运行部。北京奥组委既充分考虑到国情与传统,又不得不与国际通例接轨,同时设置了新闻宣传部(Media & Communications Department)和媒体运行部(Media Operation Department)。明文规定:新闻宣传部"负责新闻发布、记者接待和社会宣传工作,负责组委会网站内容建设和奥林匹克教育工作",媒体运行部"负责MPC(主新闻中心)、IBC(国际广播中心)和VMCs(场馆媒体中心)的规划和运行工作,为注册媒体人员提供工作设施和各项服务"。[①]

因国情使然,国内不少机构和组织,深谙新闻宣传之道,却不清楚媒体运行规律。其实,新闻宣传模式与媒体运行模式,既有相同点(如针对的都是新闻媒体,所求的是有一个好的报道形式),又有本质上的区别:第一,对媒体称谓上的区别——前者称新闻媒体为"对象",后者称新闻媒体为"客户";第二,运作方式上的区别——前者讲"管理",后者讲"服务"。[②] 徐济成(2009)也认为,新闻宣传与媒体运行是两个不同的概念,一方面,二者性质不同:新闻宣传(Public Communication)是观点、意见的传播,媒体运行(Media Operation)是服务的提供。另一方面,二者的行为方式不同:新闻宣传是依托于事实、事件进行的观念传播,媒体运行是立足于设施、服务的细节计划和服务提供。

---

① 第29届奥林匹克运动会组织委员会.奥运会媒体运行[M].北京:中国传媒大学出版社,2007:290-291.

② 第29届奥林匹克运动会组织委员会.奥运会媒体运行[M].北京:中国传媒大学出版社,2007:27.

随着我国经济发展与社会进步,大型赛事会越来越多,在体育传播这个意识形态色彩不太浓重的领域,我们只能在不违反国际惯例的前提下尊重国情因素,而不是硬让国际惯例为国情让路。媒体运行服务做好了,那就是最好的宣传,没有必要进行过度宣传。

2. 媒体运行必须严格执行国际技术标准

奥运会如此庞大的工程之所以能有条不紊地进行,其中,最关键的因素是在奥运会的每一个环节都制定了操作性很强的技术标准,主办城市必须按照承诺和合同办事。1997年,国际奥委会(IOC)专门制定了《主办城市合同》和各类《指南文件》,规定了奥运会主办城市必须履行的承诺和奥运会组织工作最低标准。2004年雅典奥运会之后,又进一步细化了奥运会组织工作的各项要求,并将各类《指南文件》更名为《技术手册》。其中,指导媒体运行工作的法规性文件就是《奥林匹克宪章》、《主办城市合同》、《IOC媒体技术手册》等。

其中,《IOC媒体技术手册》是《主办城市合同》的一个附件,是申办承诺的一个重要组成部分,它是在《奥林匹克宪章》确定的基本原则的基础上,指导奥运会媒体服务的筹备和运行的实用手册,分为文字、摄影媒体和广播电视媒体两个部分。

《IOC媒体技术手册》详细阐明了IOC媒体架构,注明了奥组委为媒体提供的一般设施和服务的标准。在文字和摄影媒体服务方面,详细说明了如下内容:新闻运行的功能,新闻运行的架构,新闻运行功能区管理,主要任务的时间表,主新闻中心(MPC)的功能、位置、建筑结构和面积,场馆媒体中心(VMC)设施和服务,奥林匹克新闻服务(ONS),摄影服务,媒体服务等等。在广播电视服务方面,详细说明了如下内容:广播电视的概念,组委会向媒体提供的一般设施和服务,国际广播中心及附件。

只要有了技术标准,严格按照合同办事,再繁杂的工作都能做到有条不紊。奥运会媒体运行的这条秘籍,要求我们今后组织的大型体育赛事必须制定和完善《媒体技术手册》,以便更好地实施媒体运行。

3. 媒体运行服务中新闻服务最关键

媒体运行体系就是一个服务体系,它有各种各样的服务概念,时时处处都体现出服务,既有宏观、中观和微观的服务,也有硬性和软性的服务,还有一般的服务和专业的服务。其中,新闻服务是最关键的中观服务、软性服务、专业服务。

北京奥运会媒体运行部包括7个处室,分别是综合处、主新闻中心处、场馆媒体中心处、媒体服务处、摄影服务处、ONS(奥林匹克新闻服务)处、广播电视处。应该说,这7个处室都是负责不同领域的服务工作的,但是,有6个处室的服务是协调性和事务性的,只有ONS处必须提供最专业的服务。

ONS 在奥运会期间担当组委会"官方通讯社"的角色,为世界各国媒体和奥林匹克大家庭成员提供全面、客观、准确、快速、均衡的新闻信息服务。这些信息服务通过 INFO2008 信息系统发布。INFO2008 信息系统的新闻内容由 ONS 统筹管理,以清晰简洁的英语、法语和中文语言,向服务对象提供符合通讯社发稿标准的信息和新闻稿件。

北京奥运会的 ONS 是由新华社团队承担的,而新华社是世界四大通讯社之一,它提供的新闻服务代表了国际上的顶级标准。因此,北京奥运会的 ONS 对于我国今后举办大型赛事无疑是一笔宝贵资产,2010 广州亚运会和 2011 年深圳世界大学生运动会、2014 年南京青奥会都合法享用了这笔资产。这笔资产的价值主要体现在如下几个方面。

第一,ONS 为今后的大型赛事确定了服务内容模式。

ONS 的主要服务内容包括三个方面:赛前信息,赛事新闻报道,成绩公报柜管理与纸质公报发送。其中,赛前信息包括运动员、教练员、裁判员及官员简历,参赛代表团信息,历史成绩,奥运周期中各项大型赛事的比赛成绩,项目、比赛和体育单项组织等背景信息,其他信息(如场馆、交通、注册、住宿、气象等)。赛时新闻报道包括赛事前瞻、赛事回顾、即时引语、新闻发布会摘要、扩展性出场名单、媒体通告、综合新闻七个部分。ONS 还将负责主新闻中心和场馆媒体中心文字和摄影记者工作间内的成绩公报柜,按照 ORIS(奥运会成绩信息系统)文件的有关要求,及时发送纸质公报,确保注册媒体能够在第一时间获得其所需比赛成绩以及相关材料。

第二,ONS 为今后的大型赛事确定了基本运行模式。

北京奥运会期间,总计有 700 名工作人员加入了 ONS 运行团队,包括受薪人员和志愿者。这支庞大的 ONS 新闻工作团队分别进驻全部竞赛场馆及部分非竞赛场馆。其总体运行模式为:ONS 团队负责以清晰、简洁的语言及时向注册媒体提供客观的、符合通讯社发稿标准的稿件。所有 ONS 提供的各类新闻报道都将发布在 INFO2008 信息系统上,目的是向注册媒体通报有关奥运会的进展,帮助他们做好报道工作。

其中,赛时新闻稿件的采集和撰写由 ONS 场馆团队完成,通过 INFO2008 内容管理终端(ICMS)传送到位于 MPC(主新闻中心)的 ONS 编辑总部。图 5-1 为 ONS 信息收集和发布流程图。

奥运会期间,整个 ONS 团队一分为四,分别在主新闻中心、场馆媒体中心、奥运村和国际奥委会总部饭店工作,他们分工明确,协同作战,共同完成奥运会期间 ONS 的运行和服务工作。2010 年广州亚运会组委会就借鉴了 ONS 的团队运行经验,因地制宜组建了亚运会新闻服务(Asian Games News Service,AGNS)团队(见图 5-2),全面负责广州亚运会 AGNS 工作的筹备组织

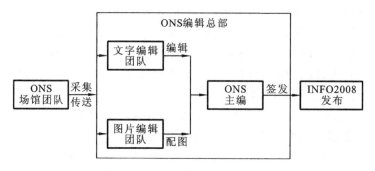

图 5-1 ONS 信息收集和编发流程

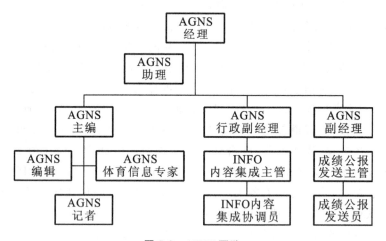

图 5-2 AGNS 团队

及赛时运行。

据亚运会官方网站称,在广州亚运会期间,一支规模庞大的 AGNS 新闻工作团队进驻 53 个竞赛场馆及部分非竞赛场馆,全面报道 42 个竞赛项目,见证 473 块金牌的诞生并参加所有的新闻发布会,采访所有获得奖牌的运动员。广州亚运会期间预计有超过 700 名工作人员加入 AGNS 团队,包括受薪人员和志愿者,为将近 10000 名注册记者服务。

第三,ONS 为今后的大型赛事确定了信息发布模式。

据《奥运会媒体运行》一书介绍,北京奥运会内部信息发布平台叫作 INFO2008 信息系统,它是奥运会内部网络信息系统。INFO2008 信息系统由一家荷兰公司研制。ONS 的全部服务都通过 INFO2008 信息系统提供给服务对象。注册媒体及其他奥林匹克大家庭成员,可以通过安放在主新闻中心、国际广播中心、场馆媒体中心、奥运村、媒体村及国际奥委会总部饭店等位置的 INFO2008 终端,查询与奥运会有关的信息和新闻。

INFO2008系统在内容方面有8大模块,包括成绩与技术报告、背景信息、简历、新闻、日程表、天气信息、交通信息、法/中文版与留言板。我们几乎不用费什么功夫,就可以把这套信息系统改造为亚运会的信息系统,即 INFO2010 信息系统(见图5-3)。新华社团队在完成了ONS任务之后,又接手了亚运会的AGNS运行,这些服务对于他们来说,应该是轻车熟路的。

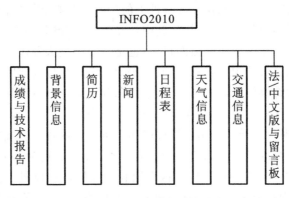

图5-3　INFO2010信息系统的内容

四、建立新型的体育组织与体育媒体关系

对于我国的体育组织与体育媒体来说,在经历了前三个阶段的互动、磨合、摩擦以及北京奥运会的考验后,未来应该有一些问题需要继续关注和思考:第一,深刻反思市场经济条件下我国的体育组织与体育媒体磨合的艰难程度;第二,客观认识在体育产业化进程中,我国体育组织与体育媒体目前可以相处到怎样的程度;第三,正确认识、调整和预测我国体育组织与体育媒体在未来发展中的关系演变。

在上述三个问题中,所谓深刻反思市场经济条件下我国的体育组织与体育媒体磨合的艰难程度,即指中国体育在20世纪70年代末至90年代中期的全面复苏为我国体育组织与体育媒体磨合提供的重要机遇,体育媒体也因这一机遇逐渐走上了专业新闻主义的道路。在我国政治体制环境下,体育媒体与体育组织之间的磨合还涉及在党性原则、价值观和游戏规则等方面的微妙磨合,其改革进程在未来仍将是长期的,也可能是艰难的且伴随着种种风波。

而所谓客观认识在体育产业化进程中,我国体育组织与体育媒体目前可以相处到怎样的程度,即指在市场化环境下,我国体育组织与体育媒体之间的关系摩擦走火在所难免。但是二者仍应站在各自目前发展阶段的基础之上,不回避自身存在的问题,各自反思自身的发展现状,均以坦诚、透明和真实示人,这样才有助于我国体育组织与体育媒体在后奥运时代寻求到一种更为新型、科学、有效的相互关系。

最后,正确认识、调整和预测我国体育组织与体育媒体在未来发展中的关系演变。从新中国成立以来,已经经历了计划经济条件下的"互动"模式(新中国成立至20世纪70年代末)→市场经济条件下的磨合模式(20世纪70年代末至90年代中期)→市场经济条件下的摩擦走火(20世纪90年代中期至今)等三大发展阶段。未来,知识经济条件下的"和气"生财、共营体育将成为体育组织与体育媒体发展的一大趋势。其中,"和气"生财既是一个最低目标,也是一个最高目标;既是一个最和谐的目标,也是一个能最大限度跨越体育行政干预和收益分歧、凝聚共识的目标。而"共营体育"则主要是指体育组织有所为有所不为,与体育媒体一道共同经营、策划和开发体育这一领域所蕴含的丰富资源,通过共营体育实现产业(体育产业和媒介产业)共赢。

知识经济时代倡导的是用经济规律和经济管理的规律去支配社会的经济活动,从而使社会的经济行为知识化、科学化。在以市场为导向,以提高效益为中心的改革开放发展进程中,体育组织和大众媒体均以科学化、信息化、规范化的方式分别致力于体育产业和媒介产业的发展,二者均有获利的需求和潜力,很容易达成一种共同的经营活动。体育产业的媒介化生存已经成为体育产业发展的全球性问题。

在我国,大众媒体的介入已经开始左右我国体育产业化的进程。体育产业与协助体育产业的媒介产业在不断发展壮大的过程中,本身也都成为社会主义市场经济的有机组成部分,并与其他行业一起得到了迅速发展。体育产业不是以产业资本运动为中心而产生的部门,媒介产业也一样,并且体育和大众传播媒介都具有广泛的辐射力和影响力,因而它们在实现经济效益的同时要兼顾社会效益。在这一前提下,它们将寻求更好更有效率的合作方式,共同策划推动体育产业与媒介产业的共赢(见图5-4)。

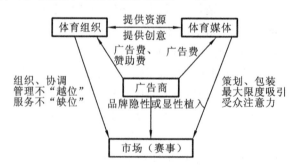

图5-4 知识经济条件下体育组织与体育媒体的"和气"生财、共营体育关系

例如,中视体育在体育电视市场竞争日趋激烈的今天,正在不断加大改革的步伐,并引进国际先进的经营管理模式和理念,以增强自身竞争力。它要求

公司内部的从业人员既要懂得电视制作，又要善于与体育系统打交道，还要掌握体育市场的变化。中视体育在整合赛事资源、打造自主赛事方面独树一帜。其中，迪士尼歌舞青春2008全国啦啦舞挑战赛、2009青岛啤酒NBA啦啦队选拔赛、2009健力宝亚运啦啦队全国选拔赛都是由中视体育自主研发、商业运作、转播推广的，这些赛事也都取得了较高的收视率和成功的商业运作效果。

当前，建立新型的体育组织与体育媒体关系的关键，是体育组织与体育媒体打交道。体育组织要树立更宽广的胸怀，在公开信息的同时，主动邀请媒体来传播信息、推广赛事、实施监督。体育组织在与体育媒体打交道的时候，应该具备平等观念、服务意识和组织形象理念。如果体育组织能够处理好与体育媒体之间的关系，有助于维护、提升、包装体育组织的形象。各级体育行政部门应完善新闻发言人制度，各俱乐部应像美国一样，设置体育信息主管（SID），体育行政部门和俱乐部都应该加强危机公关的培训，利用媒体作为平台，加强体育组织和公众之间的信息双向沟通，避免因信息不对称而造成不必要的麻烦。

如前所述，体育信息主管是以为公司或者体育组织创造一种良好的公众形象为主要职责的一种职业，其有两大使命：提供信息和制造娱乐。[①] 优秀的体育信息主管可以引导媒体报道更多的正面新闻，他们与媒体和社区之间建立一种公开和诚实的关系，这种关系是基于双方的信任和相互尊重。

如果我们建立了体育信息主管、新闻发言人、新闻发布会、危机公关等基本制度，不但假新闻和不实报道会减少，而且体育组织与体育媒体之间的和谐共生关系也能真正建立起来。我国目前还没有这一职业，有些体育组织连起码的新闻官或新闻发言人都没有。

另外，我们要学习美联社的做法。美联社要求体育记者与采访对象建立一种"职业化的关系"，它是一种互换信息的工作关系。"体育记者，特别是专项报道记者，在处理与运动员、经纪人、企业家和其他相关人士的关系时，要掌握好态度友好和称兄道弟之间的界限。""美联社要为全美的1500家报纸和海外几千家报纸提供新闻。我作为美联社记者，很久以来就对所有的体育比赛保持中立态度。我与采访对象保持距离，有时采取对立立场。"[②] 记者也是人，体育比赛的魅力令人兴奋，但更多的时候，他们是被场上的某一时刻的戏剧性场面、拼搏精神而不是胜利者的身份所吸引。他们的职业道德要求他们既不

[①] 威廉·尼克斯，等.体育媒体关系营销[M].易剑永，等，译.沈阳：辽宁科学技术出版社，2005：61-78.

[②] 史蒂夫·威尔斯坦.美联社体育新闻报道手册[M].郑颖，译.北京：中央编译出版社，2004：20-22.

做官方的记分员,也不做某一支队伍的拥趸。但在我国,体育记者与所在城市俱乐部、运动员之间的关系太近了,他们仿佛是主队的忠实球迷,以致他们在写作时容易丧失立场。笔者就此问题与《南方都市报》体育部主任钟宇辉进行探讨时,他主张体育记者与球员、俱乐部之间应当保持中距离,远距离看不清,距离太近则难以保持中立。其实,对"中立"报道理想的追求逐渐成为追求"公众利益"的代名词①,这在20世纪20年代就是许多新闻机构的职业追求。

第二节 媒体加快自身改革,做大做强

在体育媒体化、信息化的时代,体育与媒体已经不可分割了,双方已经成为了相互依靠、互惠互利的一体关系。体育需要媒体的宣传才能在社会中得到更好、更有效的推广和普及,而媒体则要充分利用体育资源这一个社会关注点来提高收视率、扩大收视群体。如何才能最大限度地发挥出媒体自身的影响力,提升媒体体育的整体实力呢?媒体机构加快自身改革,做大做强,是当务之急。

一、跨媒体、全媒体、集团化是改革总趋势

(一) 坚定方向,跨媒体、全媒体是发展必然

在未来,单一媒体仅凭自己的传统平台是很难独立生存的。书、报、刊、网及其他媒体的联动,已经成为传统媒体寻求突破的重要发展方向。媒体体育的形态也逐渐朝着跨媒体和全媒体的方向发展。全媒体可以利用多媒体技术,整合多种媒介形态,选择多元化的信息传播渠道,针对受众的个性化需求,以文字、图片、声音、影像等元素全面化、立体化地展示传播内容,实现媒体报道对受众的全方位覆盖,达到最佳的传播效果。体育赛事信息的传播也已经走向了全媒体的方向,那些能融合平面、电视、互联网、移动终端等多种渠道,立体化呈现体育赛事信息的媒体,正受到越来越多受众的欢迎。

从电视角度来看,除了传统电视的"眼球经济"之外,网络电视也日益红火起来。在传播科技日益发展的今天,网络电视等新媒体与传统电视的联动促进媒体体育的发展,成为当前体育电视业发展的一大趋势。例如,北京奥运会的电视转播首次全部采用高清晰度电视标准制作传输电视节目。据统计,北京奥运会的全球收视人数突破40亿人次,创造了新的纪录。此外,北京奥运

---

① 斯图亚特·艾伦.新闻文化[M].方洁,等,译.北京:北京大学出版社,2008:21.

会首次通过互联网、手机等新媒体平台转播,为全球观众观看奥运比赛提供了更有利的条件。① 北京奥运会也以首届"网络奥运会"的美誉而载入奥林匹克运动和媒体发展的史册。

而 2012 年伦敦奥运会,则被称为社交媒体的奥运会。微博作为社交媒体的代表,显示出强大的信息传播能力。国内各大媒体派往前方的记者,几乎都在第一时间把赛况发送到各自媒体的微博上,快速、准确、及时互动,显然比传统媒体报道要更高效,也更便于网民通过短信、手机报、微信等方式及时获知信息。

在新媒体中,将视频内容放在电脑上播放,就诞生了网络宽频电视。在宽频电视领域,新传宽频体育(以下简称"新传")是国内少数以正版内容经营的视频内容服务商及互动社区行销平台,它于 2006 年初正式开始运营,是国内最早做专业网络视频服务的网站之一,也是中国最大的体育宽频行销平台。2006 年 1 月份,CBA 将网上独家直播权签给了新传,而且一签就是 12 年。2 月 8 日,NBA 与新传合作在中国推出 NBA 赛事网上直播及点播。这是 NBA 在全球范围内第一次与网络媒体进行如此密切的合作。3 月 2 日,国际足联(FIFA)独家授权新传与 SMG 宽频(东方宽频)播放世界杯。这是国际足联第一次在中国新媒体领域授权。② 2008 年 6 月初,新传宽频正式取得国家广电总局颁发的网络传播视听节目许可证。

2009 年 12 月 28 日,中国网络电视台(CNTV)正式开播。它是依托中央电视台,在央视网基础上创办的,以视听互动为核心,融网络特色与电视特色于一体的,全球化、多语种、多终端的国家网络电视播出机构。而作为中国网络电视台一大分支的体育台,发挥了电视媒体和网络媒体双平台优势,充分利用体育赛事独家版权和原创资源,全程直播国内、国际重要赛事,为广大网友呈现以 24 小时线性直播为核心,以海量体育视频、赛事图文资讯、赛事数据服务、网络社区互动、移动终端交互等为辅助功能的体育视频互动社区。

移动互联网近两年与体育传播的结合更是令人瞩目,特别是手机 APP(智能手机的第三方应用程序)。伦敦奥运会期间,某公司开发了一款 APP——"一起看奥运",其主要功能包括:第一,提供完整的奥运比赛对阵资讯,并在奥运期间实时更新,方便查阅;第二,可设置关注提醒,喜爱的比赛一场不漏;第三,提供综合的奥运新闻资讯;第四,可以随时跟踪中国奖牌项目和数量。同时提供关键字查询。因为这款 APP 是免费的,所以吸引了不少手机用户下载安装。

---

① 江和平,等.中国体育产业发展报告(2008—2010)[M].北京:社会科学文献出版社,2010:517.
② 李辉.中国体育的电视化生存[M].上海:学林出版社,2007:323.

媒体体育与体育媒体

为了抢占这一庞大市场,门户网站也不甘落后。腾讯在2013年推出"看比赛"安卓版APP。"看比赛"囊括了NBA、中超、英超、意甲、西甲、欧冠等重要体育赛事,可以随时观看视频直播和点播、查看球队球员数据和新鲜资讯,并有贴心的提醒功能。比赛视频丰富,直播、点播随意看是腾讯"看比赛"APP的最大的亮点,无论想看哪场比赛,不必非得坐在电视机前苦苦等候,只要打开腾讯"看比赛",在主屏界面点击相应按键,便可畅享激情体育赛事。当前市场上针对手机的电视软件非常多,体育类的软件也算不少,但是极少有像腾讯"看比赛"这样定位准确、内容丰富的体育视频直播软件。

比赛资源丰富是腾讯"看比赛"APP的另一大亮点,相比其他体育软件,"看比赛"不但涵盖了NBA、亚冠、欧冠等顶级赛事,还囊括了中超、英超、意甲、西甲等热门体育赛事。赛事收录更全面,所有比赛的赛程、新闻、视频和数据都可以一目了然地呈现给用户。

此外,腾讯"看比赛"APP还具有贴心推送的功能,该功能的主要内容是将实时赛事的比分推送给用户,不让用户错过精彩的体育比赛。更为重要的是,用户还可以通过该APP自由定制自己喜欢的队伍,在定制完成后,当这些队伍有比赛的时候,相关比赛便会出现在关注菜单中。

从媒体体育发展态势来看,全媒体传播是必然的选择。

(二)集团化模式运作有助于做大做强

集团化模式运作是媒体在体育领域做大做强的关键举措之一。以《足球》报的盈利模式为例,2001年10月27日,《足球》报推出国内第一份足彩特刊——《足球大赢家》,与中国足彩事业同步发展。2003年9月17日,《足球》报"无限足球"短信业务正式推出,包含各式定制服务。这样,一个以《足球大赢家》特刊为核心的多方位为彩民服务的格局初步形成。2004年10月11日,《足球》报创办了另一份体育报纸——《篮球先锋报》。2005年8月8日,广东移动"手机报纸"正式开通,《足球》报正式推出"手机报纸"业务。《足球》报手机报纸由足球报社专业采编团队精心制作,立足国内体育新闻报道,关注国际焦点赛事,主要提供早间快讯版、专题版、奥运专辑和周末精华版等四大板块的信息。现在,《足球》报已经成为多种经营相结合,平面媒体和现代媒体手段相结合,集团化模式运作的现代化媒体平台。

时至2014年,《足球》报优势不再,《篮球先锋报》却能保持稳定发展。

二、制播分离、公司化运作是改革的突破口

影视剧、动画、综艺娱乐、体育、生活、少儿等内容的制作业务、广告经营业务和其他衍生业务以及新闻业务与传统播出平台逐步剥离,是当前我国制播分离改革的一大方向,而媒体体育就是最适合市场运作的项目之一,而且其制播分离改革已初见成效。中央电视台体育频道在栏目的商业化运作方面一直走在前列,地方电视台则通常通过同业联手以及与社会资本联合,开展多种形式的体育节目的制播分离。如何更加有效地在制播分离的基础上进行公司化运作?可考虑从介入体育、控制体育、股份制改革等三大方面加以推动。

(一) 媒体介入体育,整合赛事资源

媒体介入体育,主要是指制作公司整合赛事资源,包括引进节目、包装赛事等。媒体介入体育的典型案例,如2006年中视体育推出的《直通不来梅》节目。为了让乒乓球爱好者有机会欣赏更多的精彩比赛,使乒乓球队内的选拔更加透明化,2006年2月,中视体育与中国乒乓球协会联手,在体育频道推出了《直通不来梅》节目,连续4天直播报道国家乒乓球男队世锦赛队内选拔赛。节目每天播出时间长达8小时,《天下足球》、《足球之夜》等纷纷为其让路,CCTV-5还取消了一场CBA直播。

这次联手实现了央视和国家乒乓球队双赢。一方面,央视挖掘赛事资源,"介入"国家乒乓球队的选拔赛,首次现场直播了一向不对外公开的"中国乒乓球队出征第48届世乒赛团体赛队内选拔赛",与及时跟进的新闻报道一起,在体育赛事淡季打造了一个收视热点。另一方面,《直通不来梅》开创了直播中国乒乓球确定世界大赛名单过程的先河,将选拔暴露在阳光下。往年每逢大赛,中国乒乓球究竟"谁上谁下"总有一大堆内幕让人猜测。现在大循环选拔赛向全国直播,你打得好不好,关键分扛不扛得住,是不是有"放水"或"让球"嫌疑,观众一目了然。《直通不来梅》这场真刀真枪的真人秀,为中国优势体育项目的选拔吹来一股清新的空气。

此后,这种合作得到了很好的延续,时至2015年2月,《直通苏州》节目直播了中国乒乓球队选拔苏州世乒赛参赛选手的全过程,男队产生了樊振东和马龙两个"直通"名额,女队则是木子和此前早已入选的刘诗雯获得女单参赛资格。这四人当中,木子和樊振东的名气都不大,正是这种通过媒体公开选拔的方式,令他们脱颖而出。这种方式非常值得其他项目在大赛前选拔选手时借鉴。

(二) 媒体控制体育,开发赛事资源

媒体控制体育,并不是指控制比分或比赛结果,而是指控制体育赛事资源,积极开发赛事资源。媒体与其他单位合作打造拥有自主知识产权的赛事是媒体体育走上创新道路的一个有效途径。当前成效较大、影响较为广泛的是媒体对中华传统武术的"控制"。从《武林大会》栏目到中国武术职业联赛(WMA)成立,CCTV-5全程参与栏目或联赛的规则、赛程和赛制的制定,处处体现出媒体根据自身定位和受众需求对武术资源进行有规划的开发。

由中国大学生体育协会、中央电视台体育节目中心、中视体育联合主办的《武林大会》于2007年3月开播以来,一直深受观众喜爱并赢得各界好评,收视率稳居体育频道晚间同一时段首位。该栏目以"无拳套、无级别、无演绎"为核心理念,以"还原真实武林,传承功夫精髓"为宗旨,通过擂台对打的形式决出武林中的强者。这种比赛形式,区别于套路演练的表演形式和西方搏击竞赛形式,展示了五祖拳、梅花桩拳等十个拳种,更接近中国武术本来面貌。

可喜的是,《武林大会》不仅是中国唯一一个拥有自主知识产权的体育赛事,而且成为中国第一个打入国际市场的品牌赛事。2008年2月20日,《武林大会》同韩国主流媒体YTN(韩联社新闻台)电视台正式签约,于2008年4月份开始同韩国观众见面,这标志着《武林大会》向国际化运作迈出了重要一步。自2008年4月份始,《武林大会》率先在韩国主流媒体YTN电视台播出2007赛季的14场精彩对决,这是我国拥有完全自主知识产权的传统民族体育赛事,第一次以商业模式正式在国外定期播出。这不仅实现了本土体育节目国际化,而且成功地对外输出了本土的体育文化。

从《武林大会》到WMA成立,央视对武术的实践探索和产业化"控制"在不断升级。于2008年12月30日正式成立的中国武术职业联赛(WMA)也是由隶属于央视的中视体育发起的。截至2009年8月,WMA共有6家参赛俱乐部,分别是山东兴武堂、青岛响虎俱乐部、广东搏牛俱乐部、广州永侠俱乐部、陕西红狼俱乐部、河北云飞俱乐部。易剑东(2009)指出,WMA成立的意义主要有两点。一是改变了我们对电视媒体角色的认识。传统观念中我们只是简单的传播者,信息源头是别人的。现在把电视体育机构作为市场营销主体提出来,电视媒体要打造自己的资源优势,从制作节目的源头、信息源头开始制造,直到传播和最后的营销推广,使自己成为市场营销的主体。二是为中国传统武术文化走向世界提供了全新的模式。有了这个市场化的机制,我们可以与国际市场对接,很容易形成世界品牌。①

其实,借助媒体——尤其借助其资金和技术手段,体育的再现和定义得以延展,甚至被重新界定。媒体推广甚至是创造了摔跤或格斗这类"准体育项目",使得这些"准体育项目"跨越了体育和娱乐的界限,或者说干脆把体育变成了一种娱乐工具。美国电视上常见的"世界职业摔跤比赛"实际上就是一种虚构的舞台剧,其胜负结果就早定好了,但是,真正有趣的是通向这个结果的精彩过程,如选手的夸张动作和古怪表情,出人意料的突发事件,场外观众的不时参与,使之变成了一种仪式和奇观。如果说它像体育,那就是因为它

---

① 江和平,等.《武林大会》的市场化运作[J].电视研究,2009(6):38-41.

"让受众在这个充满多义性的世界当中能够得到一种确定的信念"①。于是,它成功了,并输出到世界各地,包括中国的一些电视台,这就是典型的媒介控制体育的例子。与之相比,我们的《武林大会》太过沉闷、简单,缺少悬念和戏剧性。

(三)有步骤地进行股份制改造是激活公司化运作的良方

媒体有步骤地走"国有事业单位→一般国有企业→股份制企业→上市公司"的发展路径,将促使媒体体育做大做强。当前,央视体育频道已经成功实现了"国有事业单位→一般国有企业"的转变,央视走市场化运营的主要制作团队已经粗具规模,它就是中视体育。中视体育成为央视进入电视体育产业的先遣部队,目的是要抢占山头,为央视体育频道的前进铺平道路。做大做强中视体育,就是央视在占领市场、走电视体育产业化道路上非常重要的一步棋。

下一步,如何走好"一般国有企业→股份制企业→上市公司"的道路,吸收国内社会资本进行股份制改革;体育广播电视节目制作如何吸收外资组建股份公司,共同经营;体育广播节目制作单位如何开展多渠道融资,进而在证券交易所上市等问题,将成为我国媒体体育走产业化道路所必须思考和经历的问题。当然,股份制改造的最根本前提,是必须在电台、电视台或广电集团(总台)控股下进行。

三、深化媒体体育报道业务,多方位提升综合实力

(一)创建学习型媒体,引领媒体可持续发展

创建学习型媒体是当前我国媒体实现可持续发展的重要途径。它既是新闻媒体落实党和国家政策的具体行为,也是新闻媒体顺应信息社会和知识经济要求,谋求广播、电视等媒体事业、产业做大做强的重要战略举措。在建立学习型媒体过程中,如何培养全能型记者显得格外重要。要求传统媒体的编辑记者学习一些新媒体技术,是十分有必要的。

例如,《南方都市报》于2009年12月份给800名采编人员配备了最新的苹果手机,通过这一载体来打造一个移动采编和移动办公系统,同时通过这个终端,在新媒体的发布上抢得先机。此外,《南方都市报》摄影记者中有30多名记者配备了高清摄像机,一般每人每天可以提供十几条比较好的原创设计,这些举措均有助于《南方都市报》推进全媒体集群的形象构建。

在媒体体育领域,学习型媒体的侧重点是策划组织赛事报道与学习相融

---

① 格雷姆·伯顿.媒体与社会:批判的视角[M].史安斌,主译.北京:清华大学出版社,2007:42.

合,从赛事报道中学习经验、总结经验、积累经验,逐步摸索出一条媒体体育产业化发展的道路。

（二）实施扁平化管理,提高媒体运行效率

扁平化管理是企业为解决层级结构的组织形式在现代环境下面临的难题而实施的一种管理模式。当企业规模扩大时,原来的有效办法是增加管理层次,而现在的有效办法是增加管理幅度。当管理层次减少而管理幅度增加时,金字塔状的组织形式就被"压缩"成扁平状的组织形式。

2005年初,中央电视台正式推出"频道制"改革,其中一个改革措施就是从组织架构上进行根本变革:从"中心—部门—科组—栏目"的四级体制变为"频道—栏目"的二级体制,取消"部门"和"科组"两个管理层次,频道总监、副总监由台长聘任,任期内根据目标责任定期考核,如达不到考核指标的要求,则予以解聘。2006年7月,央视体育中心启动了频道制改革。这是继经济频道之后,央视进行的第二个频道制改革尝试。

体育频道总监江和平(2006)描述了体育频道全新的管理结构。频道制改革后的体育频道分为四大体系,首先是频道编辑部,将公共职能系统集中起来,职能包括频道包装、策划、节目编排、播出等,其功能相当于总编室;其次是整合新闻板块,将原有的《足球之夜》、《天下足球》栏目划分为新闻板块,将这些具有新闻性的栏目集中到新闻板块,实现效益的最大化;再次是赛事系列,对于赛事的组织,信号的制作、播出,以及足球、篮球、F1等顶级赛事的转播、集锦等,都集中在这里统一安排;最后是栏目系列,对体育频道的非新闻性栏目进行整合,实施集中管理并进行全新的界定。

（三）编辑部前移,抢占大型赛事报道先机

北京奥运会是一场残酷激烈的"新闻战争",要在这场新闻大战中占据优势,必须根据实际情况创新报道模式。"编辑部前移"的新战术就是在这种背景下被提出,并运用到新闻实战当中的。

"编辑部前移"的战术首创于《广州日报》的北京奥运报道。总结《广州日报》的北京奥运报道,"编辑部前移"无疑是最大的亮点。"编辑部前移",即编辑部整体进驻北京,使出版的各个环节均在北京进行"全流程"运作。一方面,《广州日报》的奥运报道借助编辑部前移形成战斗合力。前方编辑部不仅为要闻版提供了大量现场报道,还承担着奥运专辑《奥运金典》的采编工作。另一方面,新老媒体融合借助编辑部前移获得可喜突破。前方编辑部发挥自身独特的核心能力,将新闻的原创能力嫁接到了符合多媒体出版的平台上来。

跟随编辑部一起前移到北京的还有《广州日报》大洋网奥运直播室。通过新媒体手段,《广州日报》真正实现了"做一份24小时不间断的报纸"的理念。

每金必报——中国队每赢取一枚金牌,前方编辑在夺金的15分钟之内,便可推出《广州日报》滚动"金牌号外","挂"到大洋网上,网友能以等同于互联网新闻的速度,"翻阅"《广州日报》的"金牌号外"。①

(四)开发栏目冠名资源,促成媒体与企业深度合作

开发栏目冠名资源,将有助于媒体与企业的深度合作。企业品牌通过栏目冠名获得了一个重要的宣传载体,这个载体的每一次宣传,对于品牌来说,都是一次提升的机会,况且冠名后媒体与企业将获得更多的合作形式,有利于更有效地推广品牌。

例如,在北京奥运会筹办期间,央视把奥运会纳入2007年广告招标的特殊广告资源,以体育赛事类奥运相关活动报道和体育赛事直播资源为依托,设置"奥运倒正计时标版冠名"、"CCTV-1晚间奥运专题节目冠名"、"奥运火炬手选拔活动冠名"等标的物。联想集团以1.6201亿元中标《奥运倒正计时标版》栏目独家冠名,中国银行以8266万元中标《我的奥林匹克》栏目独家冠名,并以4500万元中标《谁将主持北京奥运——奥运主持人选拔活动》独家冠名,伊利集团以8008万中标《中央电视台"圣火耀星途"特别节目》独家冠名。

四、建立体育媒体同业联盟,互相监督,互惠互利

建立体育媒体同业联盟是媒体发展的必然趋势。各个媒体均有自身的利弊,只有联合发展,整合资源,再加入各个新闻协会的资源,才是媒体行业发展要走的道路。在组建体育媒体同业联盟的基础上,可以考虑从媒体自律、同行监督、媒体评级、学界与业界互动四个方面巩固体育媒体同业联盟。

首先,体育媒体的自律是关键。在当代社会,体育媒体人更加倾情于体育媒体自强的各种战略设计,而忽视体育媒体自律的制度构建。

其次,体育媒体同业联盟的优势之一,就是同行监督成为可能。媒体道德规范所面临的一个关键问题是如何找到能够被接受的,即非政府干预的执行方式。那就是三种压力,可以迫使新闻从业者遵守媒体职业道德规范,即外在的身体压力、内在的道德压力和同行谴责与公众蔑视。② 在遵守国家法律的前提下,新闻记者在职业操守方面只接受同行的监督。③ 体育媒体同业联盟可以建立诸如西方新闻业中新闻评议会那样的同行监督组织,来定期评价体育新

---

① 徐锋.编辑部前移形成战斗合力 "跨地区跨媒体"创举独树一帜[EB/OL]. http://co.gzdaily.com/200811/18/62338_4585978.htm,2008-11-18.

② 克劳德-让·贝特朗.媒体职业道德规范与责任体系[M].宋建新,译.北京:商务印书馆,2006:90.

③ 克劳德-让·贝特朗.媒体职业道德规范与责任体系[M].宋建新,译.北京:商务印书馆,2006:90.

闻媒介及新闻工作者的职业行为,它可以由新闻行业机构组织行业内相关人士(如台长、社长、总编等)以及新闻传播研究所研究员、高校新闻传播专业教师代表联合组成。

第三,媒体评级。政府与体育媒体同业联盟可以根据年龄适宜性来为媒体(包括电影、电子游戏、书籍、网站、音乐、电视)评级,借鉴运用美国媒体分级标准,来决定什么样的内容适宜什么年龄的人。

第四,学界与业界互动。体育媒体与新闻院校可进一步加强合作,探索"体育科研项目"与"体育技能培训"相结合的多样化的合作途径。

以业界为例,推动体育媒体同业联盟形成的有效途径之一,是央视设置奥运频道和体育频道两个频道,并考虑由奥运频道谈判购买奥运会、世界杯、亚运会的报道权,以确保我国媒体在国际谈判中占据有利地位,谈判成功后再与地方体育媒体达成分销协议。而国内赛事报道则由央视体育频道联手北京、上海、广东三地的体育频道,来共同购买版权与制作信号,这三家地方频道以各自所在地区为主要播出区域,同时覆盖全国。央视的牵头作用,可以部分保证这三个区域体育频道既有地方特色,又有国际色彩。

在此框架下,第三层次的体育频道,可以因地制宜地制作一些富有地方特色的非奥运项目和群众体育娱乐休闲类节目,与第一、二两个层次的体育频道之间建立互利互惠、相互补充的合作与交换关系。比如,深圳地区高尔夫比赛较多,深圳体育频道可以制作国内高尔夫节目,参与国内体育节目的流通。

2013年8月18日9时,原CCTV-高清频道(奥运频道)更改呼号为CCTV-5+,即中央电视台体育赛事频道,这是央视的第二个体育频道,以全高清格式播出,频道内容主要包括赛事直播、录像和集锦等。但该频道是一个付费频道,是对体育频道(CCTV-5)的一种补充,观众对这一频道的知晓率与使用率并不高。拥有这两个体育频道之后,央视继续一家独大,与地方体育频道间的鸿沟非但没有填平,彼此之间的差距反而进一步拉大。

不过,我们欣喜地看到,网络媒体体育频道实行了比传统电视体育更加灵活的机制。网络媒体在选择直播项目、场次方面,更贴近受众,只要是老百姓有强烈兴趣的赛事,网络媒体一般都会播出;同一场赛事既可以用普通话解说评论,也可以用方言解说评论,满足不同地域、不同人群的使用需要;在直播过程中,解说员、评论员与受众的互动方式,比传统电视更加多样化、个性化。

随着直播赛事的增多,现有的解说员、评论员数量明显不足,网络媒体如乐视、腾讯等纷纷把触角延伸进高校。乐视在上海、广州等地建立了直播站点,将部分直播解说的任务委托给当地高校的师生来完成。这是一种有益的尝试。

五、个案研究：中视体育娱乐推广有限公司（中视体育）

据《中国体育电视研究报告（2009）》和《中国体育产业发展报告（2008—2010）》等资料介绍，中视体育娱乐推广有限公司（简称"中视体育"）原名为中视（北京）体育推广有限公司，成立于1996年，隶属中央电视台，是中央电视台体育频道唯一的商业运营机构。

中央电视台体育频道于1995年1月1日正式开播，是国内创办最早、规模最大、拥有世界众多顶级赛事国内独家报道权的专业体育频道。CCTV-5是中央电视台制播分离的改革试点频道，也是较早开始市场化运作的一个频道。因此，CCTV-5诞生一年后，中视体育于1996年随即诞生，当时的名称是"中国国际电视总公司体育推广分公司"（简称"体育推广分公司"）。该公司的成立是CCTV-5开始走向市场化运作的一个标志，体现了中央电视台优化节目内容并开始主动整合外部资源的战略发展方向。央视作为一个事业单位，如果要进行市场运作，就必须成立一个市场化的公司来开展业务。除了成本投入以外，体育推广分公司所有的利润均上交央视。在2005年之前，体育推广分公司的规模并不大，经营业务也相对简单，赢利手段以"收取赛事或者节目播出费"为主。

2005年，体育推广分公司进行改制，更名为中视体育推广有限公司。中国国际电视总公司注资三千万元，拓展了公司的发展范围，并逐渐确立了公司的发展战略方向，界定了中视体育推广有限公司的业务职能范围，建立起一支国际标准化体育电视队伍，成为中央电视台体育频道唯一的赛事节目商业运营机构。中视体育推广有限公司的业务范围涵盖体育产业的各个领域，它既是体育节目的制作基地，又是赛事开发、策划、制作、推广等商业运营的基地，并负责CCTV-5的整体运营、形象包装、国际顶级赛事的推广及转播、国内外赛事报道权的买卖、自主品牌赛事的全程运作、优秀运动员的经纪，以及体育电视制作力量的输出等体育产业的各类核心业务。

随着中国文化产业环境的不断变化，改制后的中视体育推广有限公司与时俱进，以实体化、多元化、国际化、产业化、专业化、规模化为战略发展目标，努力成为符合国内和国际体育运营规则的国际性体育产业公司。为此，中视体育推广有限公司与世界最大的体育管理公司IMG（美国国际管理集团）联合成立"央视·IMG赛事管理公司"，进军国际体育娱乐文化领域；与北京大学合作，共同成立"北大中国体育产业研究中心"，深入体育产业研究领域；创建、经营央视唯一报道体育的纸媒——《第5频道》杂志；从2009年开始承担CCTV-9的商业运营。至此，原"中视体育推广有限公司"的名称略显局限，不足以体现所有的经营业务，于是2009年4月28日正式更名为"中视体育娱乐有限公司"(简称"中视体育"),使公司进入规模化运作。中视体育立足自身资源,进行广泛的"六大合作"(见图5-5)。

经过多年的精心铸造和品牌建设,中视体育已经成为一家集体育活动经营开发、精彩赛事合作共享、节目的制作与买卖、赛事的商业运营与组织、赛事节目内外的广告植入等业务多头并举的国内一流专业体育运营机构。①

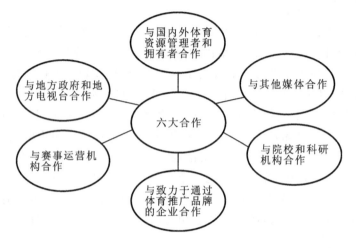

图5-5 中视体育通过"六大合作"打造的电视体育产业链条②

第三节 媒体携手赞助商,打造品牌赛事

在商品经济时代,品牌给人带来一种稳定感。媒体和企业共办大型活动,来营造与宣传这种稳定感,可以使受众、媒体、企业多方共赢。体育赛事赞助商随着自身品牌知名度的提升,对赞助回报的诉求也随之发生了变化。媒体携手赞助商,打造品牌赛事,最终可实现共赢的局面。

一、体育赞助的定义与方式

(一) 体育赞助的定义

体育赞助是指向某一体育资产(体育赛事、体育场馆、公益性体育活动等)付出一定数额的现金或实物,与该体育资产合伙参与开发,以达成各自组织目

---

① 江和平,等.中国体育电视研究报告(2009)[M].北京:央视-索福瑞媒介研究,2009:93.
② 江和平,等.中国体育产业发展报告(2008—2010)[M].北京:社会科学文献出版社,2010:517.

标为目的的一种特殊的商业行为。[①] 国家体育总局对体育赞助的定义为:"企业通过对体育组织、体育活动的经费、资源的支持以达到企业获利的行为。"[②]

(二) 体育赞助的方式

当前,体育赞助的方式主要有:对一般体育赛事的赞助,对奥林匹克运动的赞助,对体育明星的赞助,对体育场馆的赞助,对体育公益事业的赞助,等等。

最为系统且规模较大的体育赞助案例,莫过于奥运会赞助计划。它是奥运会市场开发的一个重要组成部分。奥运赞助商主要分为三种类型:奥林匹克全球合作伙伴计划(TOP)赞助商、当届奥运赞助商和国家奥运赞助商。其中,TOP赞助商可在全球范围内使用所有与奥运相关的标志,并独享奥运五环标志的使用权;而当届奥运赞助商可在全球范围内使用除奥运五环之外的所有当届奥运会的相关标志;国家奥运赞助商只可在各自国家范围内使用本国自己的奥运会标志。

以2008年北京奥运会为例,据统计,北京奥运合作伙伴、赞助商、供应商等各层级的赞助企业多达63家。赞助企业享有使用2008年奥运会、中国奥委会和中国奥运代表团品牌进行市场开发的权利。该届奥运会赞助计划最为核心的部分,就是奥林匹克全球合作伙伴计划(TOP)和北京奥运会赞助计划。

奥林匹克全球合作伙伴计划(TOP)是由国际奥委会管理的全球赞助计划。它创立于1985年,每四年为一个运作周期,每个周期含一届冬季奥运会和一届夏季奥运会。TOP是国际奥委会最高级别的商业合作计划,是目前国际体育市场开发最成功的项目。TOP的赞助方式包括现金赞助和现金等价物(VIK)赞助。现金等价物是赞助商以提供产品、服务、技术和人力资源的方式为奥林匹克运动作出贡献,赞助数量和内容以满足奥运会和奥林匹克大家庭的需求为基础。凡是TOP赞助商,皆享有奥运转播时段中的广告优先购买权。

北京奥运会赞助计划包括三个层次:北京奥运会合作伙伴、北京奥运会赞助商和北京奥运会供应商(独家供应商/供应商)。不同层次的赞助商享有不同的市场营销权。其中,北京奥运会供应商分为独家供应商和供应商两种:独家供应商是指在同一产品/服务类别只有一家供应商,享有排他性市场营销权;供应商是指同一产品/服务类别可以有两家以上企业共同享有市场营销权利(见表5-3)。

---

① 黄柯.论体育赞助[J].成都体育学院学报,2001(4):18-21.
② 蒋三庚.关于体育赞助中市场整合营销的研究[J].北京商学院学报,2001(1).

表 5-3　TOP 赞助商和北京奥运会赞助计划赞助商

TOP 赞助商 (门槛费:6500 万美元)	北京奥运会赞助计划赞助商		
	北京奥运会 合作伙伴 (门槛费: 3000 万美元)	北京奥运会 赞助商 (门槛费: 1 亿元人民币)	北京奥运会供应商 (独家供应商门槛费: 6500 万元人民币。 供应商门槛费: 1600 万元人民币)
可口可乐公司、伊斯曼柯达公司、松下电器公司、源讯公司、强生公司、宏利金融公司、维萨集团、三星电子有限公司、斯沃琪集团有限公司、通用电气公司、联想集团、麦当劳等 12 家	中国银行、中国网通、中国移动、中国石化、中国石油、大众汽车、阿迪达斯、强生、中国国际航空公司、中国人保财险、国家电网等 11 家	美国 UPS 公司、海尔集团、青岛啤酒、燕京啤酒、搜狐、伊利、必和必拓、恒源祥、统一、百威啤酒等10 家	独家供应商:长城葡萄酒、金龙鱼食用油、歌华特玛捷票务有限公司、梦娜袜业、贝发文具、华帝燃具等 15 家。 供应商:水晶石数字科技(图像设计服务)、元培翻译(笔译和口译服务)、盟多(田径跑道、手球垒球场地)、奥康皮具(皮具产品)等 15 家

资料来源:根据有关资料整理

北京奥运会赞助计划的赞助商共计 53 家,赞助的总收入高于 2000 年悉尼奥运会和 2004 年雅典奥运会,但是低于 1996 年亚特兰大奥运会(见表5-4)。

表 5-4　近几届奥运会组委会赞助计划实施情况[①]

年份	举办城市	赞助商数量/家	赞助总收入/万美元
1996	亚特兰大	111	63300
2000	悉尼	93	49200
2004	雅典	18	37000
2008	北京	53	59700

资料来源:根据有关资料整理

---

① 江和平,等.中国体育产业发展报告(2008—2010)[M].北京:社会科学文献出版社,2010:491.

二、通过体育赞助推广企业品牌,赛事、传媒和赞助商组成"铁三角"

从长远来看,通过体育赞助推广企业品牌,比体育广告更具效果。与体育广告相比,体育赞助在与消费者的沟通过程中,表现自然,突出社会沟通的人性化。此外,对于那些在媒介选择上备受限制的烟草和白酒业,赞助活动可以为其创造一个与自己的顾客或潜在顾客交流的机会。

体育赞助较之体育广告有以下四大好处。第一,它易于得到公众的认可。第二,体育赞助效果较自然,虽然是赞助企业在做广告,却几乎让人感觉不到它在做广告,有效地避免了公众对传统广告"厌食症"式的逆反心理对广告效果的影响。第三,由于体育具有很强的号召力,赞助体育对于那些忠实的体育迷来说是一种富有亲和力的感情投资,它可以迅速地将体育迷对体育的忠诚转化成对赞助企业产品的购买力量。第四,企业通过与某一体育资产相联系,可以有效提升企业的形象和产品品牌的知名度。[①]

建立体育媒体、体育赛事组织者和赞助商之间相互联系、相互制约的"铁三角"关系,可以实现三方共赢的局面。任何一方的变化都不可避免地会影响其他两方,而这三方当前最需要做的就是进一步稳定合作关系。随着媒体的介入,企业也意识到体育赛事潜在的商业价值,纷纷借助体育赛事实施自己的品牌推广计划。而赛事营销是一个长期积累的过程,对于企业来说,仅仅通过赞助一两次大规模的体育活动是无法实现其核心价值的传递的,必须通过长期的品牌合作,才能达到传播效果。电视媒体的责任就是在各类体育赛事前期精心打造个性化的营销项目,为企业提供绝佳的事件营销、活动营销、整合营销良机。[②]

赛事资源、赛事包装、包装经费、观众资源构成了一条电视体育产业链条。在这个链条上,"赛事资源是基础;赛事包装是对赛事资源的加工,其中赛事转播是核心产品;赞助商和广告商为赛事包装提供资金;观众资源构成市场"[③]。在赛事资源和观众资源一定的情况下,找谁来包装、如何包装就成了一门学问。

以中视体育为例,近年来,中视体育根据赛事组织者、受众特点、赞助商品牌传播的要求进行了一系列改革,力图构建立体化的传播和服务体系,并通过"三大创新",为赞助企业提供经过调和、定制的全方位服务打包过程,使企业

---

① 黄何.论体育赞助[J].成都体育学院学报,2001(4):18-21.
② 江和平,等.中国体育电视研究报告(2009)[M].北京:央视-索福瑞媒介研究,2009:97.
③ 江和平,等.中国体育电视研究报告(2009)[M].北京:央视-索福瑞媒介研究,2009:95.

品牌传播效果更加清晰化、传播过程更加标准化(见图5-6)。

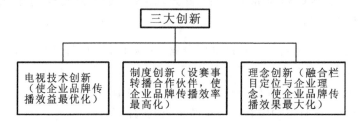

图5-6　中视体育的品牌传播"三大创新"手段[①]

三、推出全新的体育营销模式,共铸媒体、商家两品牌

随着产业化时代的到来,在对体育赛事的包装与整合中,无论是赛事平台的搭建还是企业品牌的营销需求,都越来越多地要求准确、快速,并符合自身的文化特色。于是,企业开创了一种新的营销模式——体育定制化营销。定制化的体育营销战略不仅可以打造商家品牌,也能够铸就媒体的品牌影响力。当前,较为成功的体育营销模式主要有以下三种。

（一）植入式体育营销

将产品或品牌及其代表性的视觉符号甚至服务内容,策略性地融入电视的植入式体育营销,已初见成效。较为典型的案例为 CCTV-5 所有主持人及出镜记者的服装提供商的变化,以 2009 年为界,前有李宁,后有 361°。

李宁品牌创建于 1990 年,十余年来,李宁公司由最初单一的运动服装发展到拥有运动服装、运动鞋、运动器材等多个产品系列的专业化体育用品公司。目前,李宁公司在中国体育用品行业中已位居举足轻重的领先地位。该公司一直关注和支持着世界尤其是中国体育事业的发展。1992 年巴塞罗那奥运会、1996 年亚特兰大奥运会、1996 年残疾人奥运会、2000 年悉尼奥运会……处处可见穿着"李宁"装备的中国运动员。李宁公司还常年赞助中国体操队、射击队、跳水队、举重队等国家级运动队。在海外,李宁公司也对西班牙篮球队、法国体操队、捷克体操队、第 21 届大学生运动会俄罗斯代表团等提供了赞助。

2007 年初,李宁品牌与中央电视台体育频道在北京举行了隆重的签约仪式。双方正式对外宣布,自 2007 年 1 月 1 日起至 2008 年 12 月 31 日止,体育频道所有主持人及出镜记者都将穿着李宁公司提供的产品。2007 年是备战北

---

① 江和平,等.中国体育产业发展报告(2008—2010)[M].北京:社会科学文献出版社,2010:405-406.

京奥运会的最关键的一年,中央电视台体育频道围绕奥运进行了全新改版,而改版后的体育频道成为世界了解中国奥运会筹备工作进展的重要窗口。李宁公司抓住了这一机遇,借助体育频道这个对外交流的世界级窗口,全面展示了李宁品牌国际化及产品专业化的形象。

2008年11月28日,361°(中国)有限公司与CCTV-5签署协议。自2009年1月1日起,CCTV-5所有主持人及出镜记者都将穿着该公司提供的服装。由此,361°的品牌价值得到显著提升。361°是民族体育用品行业中杀出的一匹黑马。短短几年间,361°相继赞助了中国乒乓球超级联赛、郑开国际马拉松赛、金门马拉松赛、全国跳水锦标赛暨奥运选拔赛、中国大学生篮球超级联赛(CUBS)等一系列赛事。2008年,361°签约广州2010年亚运会体育服装高级合作伙伴,成为中国首个赞助洲际运动会的体育用品品牌。

(二)演绎式体育营销

围绕街舞、奥运等主题的"源于体育、用于体育"的演绎式体育营销方兴未艾。较为典型的案例是中国移动与中视体育的三度联姻,这三个"联姻动作"分别为"以舞会友·动感地带2007全国街舞电视挑战赛"、《移动加油站》和《奥运猜猜猜》。

(1) 2007年开始,中国移动牵手中视体育,正式拉开了定制体育营销深度合作的序幕。首先,中视体育在2007年促成了中国移动旗下品牌"动感地带"与CCTV-5街舞赛事的携手,"以舞会友·动感地带2007全国街舞电视挑战赛"劲爆出场,活动覆盖北京、上海、河南、湖北、四川、广东六大赛区。正是看到了街舞大赛的良好受众基础,国家体育总局和中国健美操协会的鼎力支持,以及中央电视台体育频道的全面推广,中国移动决定将"动感地带"品牌与街舞大赛结合。因为街舞与动感地带有着共同的受众群体、相通的时尚理念、相同的精神气质,此次大赛为各方的品牌提升提供了可能,实现了共赢的目的。与以往中国移动赞助的体育赛事不同,这不是一次简单的赛事冠名赞助行为,而是其作为主办方之一直接参与到赛事运作之中,并有效地实现了"动感地带"品牌的推广目的。[①]

(2) 推出《移动加油站》栏目。早在奥运火炬全球传递之前,中视体育便协助中国移动进行了一系列奥运策划。2008年5月4日,奥运火炬结束海外传递回到国内传递的首日,一个全新的新闻节目板块《移动加油站》在中央电视台奥运频道播出。从2008年5月4日到10月31日,该节目通过奥运频道与全国电视观众每日见面,跨越奥运前、中、后三个时期。在此期间,中国移动

---

① 江和平,等.中国体育产业发展报告(2008—2010)[M].北京:社会科学文献出版社,2010:405-406.

的奥运服务项目、奥运体验项目、奥运业务项目均在此节目中得以报道,这也是整个奥运期间唯一以新闻的形式在央视级媒体进行如此长时间传播的体育营销案例。

(3) 推出《奥运猜猜猜》栏目。北京奥运期间,在中视体育的策动下,由中央电视台奥运频道、第五频道杂志社和中国移动联合主办的趣味体育竞猜活动——《奥运猜猜猜》在中国移动的手机平台、CCTV 电视平台以及《第五频道》杂志平台同步推出。目的是在中国移动整个奥运营销之外营造一个更具娱乐性、观众参与度更高的奥运分享平台。《奥运猜猜猜》跨越奥运全赛程 16 天,在奥运赛程的黄金新闻资源中每天插播 3 期,每期 1 分钟,每次提供一个趣味性的竞猜话题,手机用户通过短信形式在规定时间内进行竞猜答题。这个融趣味性、知识性为一体的竞猜活动一经推出,立即吸引了众多电视观众的积极参与,并且参与人数逐日递增。[①]

(三) 彰显式体育营销

将体育营销与娱乐营销相结合、注重商业价值和社会价值的双赢、彰显企业品牌个性的体育营销在国内逐渐形成气候。"啦啦队"成为近年来彰显式体育营销的关键词。较为典型的案例是 2008 年迪士尼歌舞青春全国啦啦舞挑战赛和 2009 年青岛啤酒炫舞激情 NBA 啦啦队选拔赛。

由华特迪士尼(上海)有限公司冠名赞助、中国大学生体育协会和中央电视台体育节目中心主办的"迪士尼歌舞青春 2008 全国啦啦舞挑战赛",于 2008 年 9 月至 11 月在中央电视台体育频道推出。作为迪士尼史上最成功的青少年电视电影,《歌舞青春》已经在世界范围内形成了一股歌舞旋风。《歌舞青春》与啦啦舞的对接,给中国大学生啦啦队提供世界性的展示机会和舞台。

2009 年 1 月 11 日,CCTV-5、北京大学联合主办的"2009 中国国际体育产业高峰论坛"以"体育产业——危机中的信心经济"为主题在北京大学召开。在此次体育产业高峰论坛的嘉宾对话环节"体育营销的定制化服务"中,华特迪士尼国际电视大中华区市场执行总监赵汝忻举自己企业的例子说道:"对于迪士尼而言,定制化的事情已经做了很多年。迪士尼的目标受众是孩子和年轻人,以及他们的家庭。这样的目标受众与所谓大的主流群众比较,还是有相当的区隔性。由于体育是最能够引起大家参与的活动,因此在这个因素的考量下,我们选择了 CCTV-5 和中视体育来定制迪士尼歌舞青春啦啦舞比赛的市场推广活动。"

由中视体育、青岛啤酒股份有限公司及 NBA 共同主办的青岛啤酒炫舞激

---

① 江和平,等.中国体育产业发展报告(2008—2010)[M].北京:社会科学文献出版社,2010:405-406.

情 NBA 啦啦队选拔赛于 2009 年 2 月至 11 月在国内举行。赛事覆盖全国 18 个省、市、自治区的上百个城市,参与人数达 10 万人。强大的社会影响力,使青岛啤酒炫舞激情 NBA 啦啦队选拔赛成为 2009 年中国最大的体育娱乐选秀活动。青岛啤酒的品牌价值通过恰到好处的品牌植入而获得显著提升。赛事通过品牌传播、产品销售、消费者体验三位一体营销模式的指引,融入新品——冰醇啤酒元素,将青岛啤酒的年轻、活力、激情完美地展现给大众,从而推动了青岛啤酒品牌年轻化发展,提升了品牌的价值,也拉动了青岛啤酒产品的销量,实现了真正的整合营销。

2010 年 1 月,有"中国体育营销奥斯卡"之称的"CCTV 体育营销高峰论坛暨体育营销经典案例颁奖盛典"在央视召开。青岛啤酒炫舞激情 NBA 啦啦队选拔赛荣获"2009 年十大体育营销经典案例"殊荣。

第四节 媒体培养体育观众,促进社会和谐

据统计,在美国传播学界围绕众多理论模式发表的大量论文中,有关涵化研究的论文在数量上仅次于议程设置理论而居第二位。[①] 涵化理论(Cultivation Theory),又称培养理论、教养理论、培植理论、涵化假设、涵化分析等,最早系统地由格伯纳提出。它"建立在这一简单的假设基础之上:收看电视使人们接受电视对现实的看法,并且看得越多,接受得越多"[②]。涵化理论指出,电视是人类进程中一个极为重要的角色,具有涵化功能。每个人的审美、信念、价值观都不尽相同,多元化的倾向,因为观赏电视而变得与电视上呈现的主流意见相认同。看电视少的人意见较难统一,因此,电视在社会文化传播中能够发挥整合作用,电视的涵化功能不是单方面的,而是一种多方向过程,类似重力吸引作用。

在媒体体育领域,如何更有效地运用电视这一途径来最大限度提高受众的体育素养,成为一大研究话题。其实,单靠电视的涵化功能的发挥是无法达到最佳效果的,还需要电台、报纸、新媒体等媒介的共同参与。

一、通过议程设置,摒弃色情与暴力,提倡健康向上

一般说来,"大众传播有三个社会作用:监视大环境、达成社会各方面的共

[①] 郭中实.涵化理论:电视世界真的影响深远吗?[J].新闻与传播研究,1997(2):58-64.
[②] 斯蒂文·小约翰.传播理论[M].陈德民,叶晓辉,译.北京:中国社会科学出版社,1999:615.

识、传承文化"①。在媒体与社会关系中,媒体对社会特别是对政府和社团组织的监督与批评不可缺少,但是,我们还不能忘记媒体具有强大的建设功能和凝聚人心的作用,具有文化传承的职责。因此,议程设置在体育媒体中被用得最多。

议程设置功能是一个分为三部分的线性过程,最简单最直接的说法就是,媒介议程影响公众议程,公众议程影响政策议程,媒介议程设置是议程设置的起点。因为"大众媒介在教导我们怎样思考上可能并不成功,但在告诉我们思考的内容上却惊人地成功"②。

体育新闻本身是有计划性的,但突发事件则是措手不及的,媒体在筛选具有新闻价值的突发事件时,一定要摒弃色情和暴力。不是说不报道,而是要经过客观、公正的处理,不要故意放大赛场内外的明星色情与暴力,毕竟青少年是媒体体育庞大的消费群体,他们仿效能力很强,但明辨是非的能力相对较弱。对于体坛的一些假、黑、赌等负面现象,媒体一方面要不遗余力地予以曝光,另一方面一定要设置建设性的议程,呼吁大众一起矫正,进而促使体育行政部门做出正确的决策。

二、通过专题节目普及体育知识,鼓励受众亲赴现场,走上看台

电视体育专题节目主要指具有固定栏目、固定观众群、固定广告客户,能为电视带来长期而稳定的收益,构成各体育频道日常主要内容的节目类型。体育专题节目主要分为集锦节目、录播节目、娱乐节目、教学节目、纪录片节目、访谈节目等。

集锦节目以赛事精华为主,比如足球与篮球集锦多以精彩进球为主。录播节目播放以前的赛事录像,一般以国际大赛为主,并冠以"经典时刻"等名称。娱乐节目侧重趣味运动及体育明星资讯,央视体育频道的《全明星猜想》就是典型的娱乐节目。纪录片则以捕捉体坛中的真实故事为主,央视《体育人间》是这方面的代表性节目。

通过各种体育专题节目来普及体育知识,已经成为提高受众体育素养的常规措施。这种措施在奥运会上表现得更为突出。例如,2007年8月13日,中央电视台体育频道正式播出大型系列节目《奥运 ABC》。该节目是中央电视台一档介绍奥林匹克运动会比赛项目的节目,通过高科技手段详细解析各个

---

① 马克斯韦尔·麦库姆斯.议程设置:大众媒介与舆论[M].郭镇之,徐培喜,译.北京:北京大学出版社,2008:170.

② 斯蒂文·小约翰.传播理论[M].陈德民,叶晓辉,译.北京:中国社会科学出版社,1999:600-601.

竞技项目的精彩看点。该系列节目共300集，每集10分钟，涵盖北京奥运会全部28个大项、302个小项，并有25集介绍冬奥会、20集介绍残奥会的节目。系列节目以探索、发现和解析的视角，通过三维动画展现奥运比赛的玄妙和魅力焦点，具有很强的知识性和观赏性。作为2008年北京奥运会的赞助商，中国网通公司与中央电视台在该栏目上通力合作，将《奥运ABC》节目的精彩视频通过中国网通奥运频道展现出来。2008年5月，全民奥运知识体育礼仪电视大赛由中国体育报业总社主办，该活动旨在引导公民养成良好的行为习惯，树立健康的社会风尚，普及体育知识和观赛礼仪知识。赛事得到了中国奥委会新闻委员会的大力支持。

通过宣传鼓励受众亲赴现场，走上看台观赛，也是提高受众体育素养的一大重要途径。例如，2007年女足世界杯在我国上海、天津、武汉、杭州、成都五城市进行，这也是中国第二次承办女足世界杯。《足球之夜》杂志就专门撰写的文章《到现场去看女足世界杯的十大理由》，列举了10个理由来鼓励大家到现场观赛，如亲赴现场看球有助于了解城市的风土人情；到现场看球不会受到电视信号的干扰；去过现场看球，第二天上班就多了可以和同事交流的话题；去现场看女足世界杯花销不大，工薪消费一样能享受足球大餐；去现场看球还能锻炼身体；去现场看球还可以最大限度地感受到足球的多样化；在家门口的世界杯，如果不去现场观看岂不是要遗憾一辈子？等等。

三、媒体、体育部门、教育部门三元互动，家庭、学校与社区三元互助，共同提升公民体育素养

加强媒体、体育部门和教育部门三元互动，开展形式多样的家庭体育、学校体育、社区体育，是全面提升公民体育素养的核心措施之一。在合作中，媒体提供策划，体育部门提供场地、器材及相关的技术指导，教育部门则负责组织学生定时定期参与。学生是社会的希望、国家的栋梁、祖国未来建设的主力军，提升学生体育素养具有十分重要的战略意义。

政府重视是提升公民体育素养的最大动力。由政府牵头组织协调体育部门和教育部门，然后媒体参与宣传推广，这样才能扫清各种障碍，最终实现公民体育素养的提高。例如，在2008年奥运会的门票销售上，根据奥林匹克教育计划，北京奥组委预留出了14%的特殊定价门票，鼓励中国青少年到现场观看比赛。其中，预赛票价为5元，决赛票价为10元。对于这部分门票，北京奥组委协调了相关教育部门和体育管理部门，采用有组织的定向销售、集中购买的方式，为我国内地及港澳台地区的中小学生和青少年运动员提供集体观看奥运会体育比赛的机会。同时，北京奥组委还层层落实教育计划门票的去向，从而确保这部分门票确实为学生所使用。

2014年4月至11月,国家体育总局与教育部在全国10个省(区、市)联合举行"2014年阳光体育科学健身校园行活动",每个省(区、市)各推荐10所中学参加,全国共有100所中学参加。据报道,本次活动重点依托各级体育传统项目学校、青少年体育俱乐部所在学校,以举办科学锻炼大讲堂为主,融科学锻炼知识、奥林匹克知识以及阳光体育项目体验于一体,同时引进国内外最新体育项目,开展具有趣味性、竞技性的体育游戏,培养青少年学生的团队意识,提高广大学生的运动兴趣,丰富广大学生的体育文化生活,增强广大学生的身体素质。

2015年1月8日,教育部会同国家发展改革委、财政部、新闻出版广电总局、体育总局、共青团中央等五部门共同成立了全国青少年校园足球工作领导小组,由教育部部长袁贵仁任组长。该领导小组是全国青少年校园足球工作协调、议事和决策机构,以此加强全国青少年校园足球工作的领导、规划与管理。

加强家庭、学校与社区之间的三元互助关系,也是促进公民体育素养的重要途径之一。在媒体的积极参与(如社区报纸的连续报道,地方电视台、电台对社区体育活动的报道)下,构建以社区体育教育为依托,家庭体育教育为基础,以学校体育教育为轴心的辐射状体育教育网络。这不仅能创造优良的体育育人氛围,而且有助于培养亲子之情与邻里之爱。例如,社区和学校可以联合组织形式多样的业余联赛,以此提高社区居民和青少年的体育锻炼意识,加强社区联络,增强社区认同。

20世纪50年代美国学者奥森提出:"学校不应是游离于社区的文化孤岛,它应主动与社区架设各种桥梁,致力于解决社区的问题。"欧美和日本均重视社区体育,并把社区体育作为家庭、学校、社会体育一体化的桥梁。它们在学校与社区联动方面成绩较为显著。它们的社区体育发展思路是学校设施向社区开放,社区设施向学校开放。目前,日本和欧美的社区均有各种体育设施,这些体育设施不仅为本社区的公民服务,还可以为其他社区的公民服务。对于美国学校体育与社区的关系,美国学者这样认为:对于一些学生家长来说,校队的命运要比学术项目的命运更值得关注,体育运动是社区中人们轻松的联结点,甚至成为社区中大多数人的"身份栓"。通过体育运动,人们可以保持对当地中学或大学的兴趣,而无须了解复杂的学术生活的各个方面。[1]

在英国,社区媒体积极为社区体育发展服务,双方互利共赢。英国的社区广播非常发达,比如布莱德社区广播(Bradford Community Broadcssting,

---

[1] 杰·科克利.体育社会学——议题与争议[M].管兵,等,译.6版.北京:清华大学出版社,2003:575.

BCB)。它在自己的节目手册上明文规定:"关心社区、有自己的观点、积极参与公共事务",要"努力为本地人民和地方关注的议题提供发表意见的渠道"。它的一些栏目,比如《亚洲杂志》、《发现布莱德》和《体育杂谈》虽与 BBC(英国广播公司)地方台或地区台的节目配置有重合之处,但是,BCB 有强烈的特色、独立性和社区感。听众可以得到制作培训,还有可能参与节目策划,这使电台成为真正的社区资源。正是这种将公众从社区请到电台来的能力,成为 BCB 这样的社区电台与 BBC 之间的区别。① 社区广播的这个特性真正体现出其独特之处,并且挑战了主流广播模式。

我国在家庭、学校与社区三元互助方面还处于发展的初期。一方面应加强政策和资金支持,逐步引导学校体育场馆向社会开放;另一方面要通过制度规范和机构监管等手段,促进社区体育设施达标。例如,政府可以通过立法形式,制定详细的社区体育设施评估指标体系,要求新建住宅小区按照该指标体系,完善体育设施建设,使其达标。

通过媒体、体育部门、教育部门三元互动,家庭、学校与社区三元互助,来提升公民体育素养的根本目的,是培养具有完善人格的合格公民。在古希腊,体育是培养能征善战的城邦战士的有力手段。为了应付战争,各城邦都积极训练士兵。于是,古希腊逐渐形成了有组织的运动竞赛,这些为奥运会的产生打下了基础。而到了现代,体育依旧是培养全面、协调、完善的现代人的重要手段,也是促进社会和谐发展的重要途径。

四、群众体育、赛事资源、体育报道三方互利,丰富媒体体育内涵,实现良性循环

群众体育、赛事资源和体育报道三方互利,可以极大地丰富媒体体育的内涵。人们身边的体育活动多了,赛事资源丰富了,体育报道也就多了,媒体体育就有了新的内涵,实现良性循环,体育强国目标的实现也就为时不远了。

体育是建设和谐社会的重要载体,其社会性不言而喻。体育的功能是强身健体,娱乐大众。因此,拓宽体育报道的社会视野显得尤为重要。拓宽体育报道的社会视野,要以人为本地紧紧抓住群众关注的热点,报道上一定不能与时代脱节。例如,2005 年 5 月中旬,湖北省体育局在全省开展"国民体质检测荆楚行"活动。《湖北日报》体育部派出记者,与湖北省体育局一道,走遍湖北省大部分地方,从 2005 年 5 月到 7 月,在《湖北日报》体育版上打出"国民体质检测荆楚行"栏题,刊发了相关的各类作品近 60 篇。这是创新群众体育报道

---

① 利萨·泰勒,安德鲁·威利斯.媒介研究:文本、机构与受众[M].吴靖,黄佩,译.北京:北京大学出版社,2005:124.

的一次有益的尝试。因此,在未来的媒体体育发展进程中,体育媒体既要重视传统的竞技体育报道,也要重视群众体育报道策划与实施,采编出与时代合拍,让群众喜闻乐见的群众体育报道来。

第六章

结语

第六章
结　语

　　笔者用了洋洋十几万字的篇幅,讨论了当前我国媒体体育的基本现状、存在的问题以及今后的发展对策,但是仍然意犹未尽,因为体育、媒体、经济与社会发展是动态而不断向前的,我们不能预期我国媒体体育的发展一定如我们所料,按照我们的策略去行动。不过,笔者可以基本肯定地说,媒体体育的总体发展趋势是媒体与体育相互依存,相互促进,进而打造一条集赛事资源、媒体资源、赞助资源、受众资源于一体的媒体体育产业链。这是一种历史发展和世界认同的潮流,不会因为国情和社会制度的不同而产生太大的偏差,毕竟体育和媒体体育是国际化的语言,不像政治等意识形态领域具有顽固的时代性、地域性、阶级性、保守性,它只是休闲和娱乐产业的一部分,比较容易为人接受和达成共识。

　　从纵向来看,历史已经证明,没有对方的存在,体育与媒体也能够各自生存,但是它们两者的生存状态都将与现在大不相同。如果没有媒体以及媒体对于体育的传播,体育虽然依旧存在,但人们也不会去关心精英体育,日常生活中人们也不可能优先考虑体育;同样,如果没有体育,媒体也能生存,但是,报纸的发行量可能会下降,周末的电视节目不可能像今天这样丰富,电台、电视台的利润可能会锐减,社交媒体也会缺少一些引人关注的话题。

　　不可否认,由体育与媒体相结合所产生的媒体体育在不断地渗透到人们的生活之中,并改变着人们的生活方式。"两者之间强大的共生关系,使我们没有一个人能够看到没有媒体报道的组织化的体育或没有体育节目的媒体。但是,历史表明,体育和媒体间的关系是在一个较大的文化环境内得以发展的,在这个环境内,人们经常对商业利润和媒体比赛的创造给予高度优先的考虑。这种关系不是靠它自己形成的,它现在是,而且将来仍是通过不断变化的在运动员、经纪人、教练、管理人员、运动队所有者、赞助商、广告商、媒体代表和多样化的观众间的互动中创造出来的。每一个群体都试图对体育和媒体间的关系施加影响,并且在这一过程中,它们都有不同的可用资源。"①

　　在这林林总总的关系中,媒体体育既是一种传播平台,又是一种产业,它最终的发展趋势是以自身为联结点,打造一条集赛事资源、媒体资源、赞助资源、受众资源于一体的媒体体育产业链。打个比方,如果说媒体体育是一辆汽车的话,赛事资源就是发动机,媒体资源是方向盘,广告与赞助资源是轮胎,受众资源是路面,它们互为表里,共生共荣。

　　从横向上看,美国媒体体育的今天,很有可能是我国媒体体育的明天。美国是世界上最大的经济强国,也是世界上最大的文化产业与体育产业强国,美

---

　　① 杰·科克利.体育社会学——议题与争议[M].管兵,等,译.6版.北京:清华大学出版社,2003:501.

国给世界各国带来媒体体育快乐的同时,也带来了文化输出。"在理想的状况下,体育可以成为真正文化交流的媒体,不同国家的人们以此共享信息,增进彼此的文化理解。但当两国影响和资源不对等时,真正平等的共享和相互理解非常罕见。这意味着体育运动常常成为文化出口物:从富有国家输出,进入其他国家人们的日常生活。"①

体育作为国家的一种软实力,如果我们经营得法,它也可以变成一种硬实力。我们不能长期输入欧美国家的体育文化资源而不开发自身的体育文化资源,这与中国作为一个正在崛起的大国的形象不相匹配,也与我们日益重视文化产业建设与跨文化交流的国情不相适应。体育、电影等产业是文化输出的大户,从某种意义上看,"英超"与美国好莱坞的体制十分相像。"与好莱坞的各大制片厂一样,英格兰各家足球俱乐部根据自身的利益共同形成了一个相互袒护的产业体系。它们都依赖于'明星制'……比赛是这一产业体系的核心。它以不同的形式被出售给不同的电视机构。"②新华社主办的中国新华电视新闻网(CNC)已于 2009 年开通了中文环球频道,2010 年 7 月 1 日开通英文环球频道。中国体育应该通过 CNC 等媒体介绍到国外,更应该通过售卖电视转播权,将我们的体育娱乐输出到国外,当然,这在目前还只能是一种梦想。

反观美国,美国体育产业在 20 世纪 90 年代就是美国的第 11 大支柱产业,年增加值占 GDP(国内生产总值)的 2%。截至目前,美国的体育产业对于美国经济的贡献占到 11%,而我国体育产业的贡献则只有 0.7%。③ 包括中国奥委会前秘书长魏纪中和 CCTV-5 旗下的中视体育前总经理阮伟在内的诸多专家,只承认中国现在有体育商业、体育用品产业,而不认为中国有真正的体育产业,这表明我国的体育产业仍旧十分落后,也有很大的上升空间。

因为体育产业是一个完整的产业链条,其中,体育赛事即体育竞赛表演业是它的原动力和发动机,由它带动体育相关产业的发展。而我们在体育赛事这个体育产业的源头上就出现了问题:一是长期过度依赖国外赛事;二是国内赛事没有形成品牌,其中最受国人关注的足球运动还极不健康。

我国已于 2001 年加入 WTO(世界贸易组织),无论是体育媒体还是体育组织,如果要想有跨越式的发展,就必须围绕体育赛事的运营与传播做文章,走产业化的道路。而产业化的前提是市场化,市场化的前提是公司化,政企分开,政事分开,管办分离。正如 2010 年 3 月份出台的《国务院办公厅关于加快

---

① 杰·科克利.体育社会学——议题与争议[M].管兵,等,译.6 版.北京:清华大学出版社,2003:523.
② 格雷姆·伯顿.媒体与社会:批判的视角[M].史安斌,主译.北京:清华大学出版社,2007:345.
③ 刘丹.体育产业规划酝酿出台 足球俱乐部有望三五年内上市[N].每日经济新闻,2010-01-29.

第六章 结　语

发展体育产业的指导意见》(国办发〔2010〕22号)所指出的那样:要坚持政企分开、政事分开、政社分开、营利性与非营利性分开原则,充分发挥市场在体育资源配置中的基础性作用,消除和防止对体育市场资源的限制和垄断。

以上文件出台后,改革的力度和成效都不大。正当有志之士对我国的体育产业不抱希望的时候,2014年10月20日国务院发布《关于加快发展体育产业促进体育消费的若干意见》(国发〔2014〕46号),民间俗称其为"体育新政"。该文件提出:到2025年,基本建立布局合理、功能完善、门类齐全的体育产业体系,体育产品和服务更加丰富,市场机制不断完善,消费需求愈加旺盛,对其他产业带动作用明显提升,体育产业总规模超过5万亿元,成为推动经济社会持续发展的重要力量。如果真能实现这一目标,体育不仅能成为国民的生活方式,体育产业也能成为国民经济的支柱性产业。

在体育新政的大背景下,中国足球改革迎来了全新的发展机遇。2015年1月26日,国务院审议通过了《中国足球改革总体方案》。同年2月27日,中央全面深化改革领导小组第十次会议审议通过了该方案。这一方案包括50条措施,提出了近期、中期和远期目标"三步走"战略:近期目标是要理顺足球管理体制,制定足球中长期发展规划,创新中国特色足球管理模式;中期目标是要实现青少年足球人口大幅增加,职业联赛组织和竞赛水平达到亚洲一流,国家男足跻身亚洲前列,女足重返世界一流强队行列;远期目标是要使中国成功申办世界杯足球赛,男足打进世界杯、进入奥运会。

为了确保上述目标能够顺利实现,2015年4月30日,中国足球改革领导小组正式成立,由国务院副总理刘延东担任组长,国家体育总局局长刘鹏担任副组长,中国足协主席蔡振华担任小组的办公室主任,总局足管中心主任、中国足协副主席张剑担任办公室副主任。由国家领导人"挂帅"成立足球改革小组,在中国体育史上还是第一次。

而体育媒体除了监督、鼓励体育体制改革以外,其本身也面临深化改革的任务。体育媒体的企业化、公司化、市场化改革,能否像出版行业那样,实行现代企业制度,也是值得我们期待的。只有体育组织与体育媒体同步改革,我国媒体体育的春天才能到来,老百姓的业余文化生活才能丰富多彩。

无论是竞技体育还是大众体育,都需要体育明星与示范效应,而造星就离不开媒体,国际体育明星自不待言,发掘、培养与打造中国自己的本土体育明星,是全社会共同的责任与期盼。正如NBA前总裁大卫·斯特恩2009年接受央视采访时所说:"体育加媒体等于明星。"一年一度的CCTV体坛风云人物评选,就是一种有益的尝试。

2015年2月10日,万达集团宣布牵头三家知名机构及盈方管理层,以10.5亿欧元成功并购总部位于瑞士的盈方体育传媒集团100%的股权,其中万达集团控股68.2%。此前,万达集团以4500万欧元收购了西甲马德里竞技足球俱乐部20%的股份。中国人拥有国际体育产业话语权,参与制定国际体育产业游戏规则的时代来临了,也许再过若干年,我们对于什么是媒体体育,会有一个更加全面与清晰的认识。

参考文献

1. 著作类

[1] 董璐.传播学核心理论与概念[M].北京:北京大学出版社,2008.

[2] 陈力丹,易正林.传播学关键词[M].北京:北京师范大学出版社,2009.

[3] 张国良,等.20世纪传播学经典文本[M].上海:复旦大学出版社,2003.

[4] 张国良.媒介化社会:现状与趋势——2004中国传播学论坛文集[M].上海:复旦大学出版社,2006.

[5] 任广耀.体育传播学.北京:高等教育出版社,2004.

[6] 李辉.中国体育的电视化生存[M].上海:学林出版社,2007.

[7] 陆扬,王毅.大众文化与传媒[M].上海:上海三联书店,2000.

[8] 刘利群.社会性别与媒介传播[M].北京:中国传媒大学出版社,2004.

[9] 苗炜.五魁首:CCTV5十年纪实[M].上海:上海文艺出版社,2005.

[10] 江和平,等.中国体育产业发展报告(2008—2010)[M].北京:社会科学文献出版社,2010.

[11] 尼尔·波兹曼.娱乐至死[M].章艳,译.桂林:广西师范大学出版社,2004.

[12] 丹尼斯·麦奎尔,斯文·温德尔.大众传播模式论[M].祝建华,武伟,译.上海:上海译文出版社,1997.

[13] E M 罗杰斯.传播学史:一种传记式的方法[M].殷晓蓉,译.上海:上海译文出版社,2001.

[14] 沃尔特·李普曼.公众舆论[M].上海:上海人民出版社,2002.

[15] 让·波德里亚.消费社会(第二版)[M].南京:南京大学出版社,2006.

[16] 丹尼斯·麦奎尔.受众分析[M].阎克文,江红,译.北京:人民大学出版社,2006.

[17] 利萨·泰勒,安德鲁·威利斯.媒介研究:文本、机构与受众[M].吴靖,黄佩,译.北京:北京大学出版社,2005.

[18] 哈贝马斯.公共领域的结构转型[M].曹卫东,等,译.上海:学林出版社,1999.

[19] 斯坦利·巴兰,丹尼斯·戴维斯.大众传播理论:基础、争鸣与未来

[M].曹书乐,译.北京:清华大学出版社,2004.

[20] 丹尼斯·麦奎尔.麦奎尔大众传播理论[M].崔保国,李琨,译.4版.北京:清华大学出版社,2006.

[21] 沃纳·赛佛森,小詹姆斯·坦卡德.传播理论:起源、方法与应用[M].郭镇之,等,译.北京:中国传媒大学出版社,2006.

[22] 约翰·基恩.媒介与民主[M].邰继红,刘士军,译.北京:社会科学文献出版社,2003.

[23] 鲍勃·富兰克林,等.新闻学关键概念[M].诸葛蔚东,等,译.北京:北京大学出版社,2008.

[24] 安德斯·汉森,等.大众传播研究方法[M].崔保国,等,译.北京:新华出版社,2004.

[25] 斯蒂夫·小约翰.传播理论[M].陈德民,等,译.北京:中国社会科学出版社,1999.

[26] 约翰·菲斯克.解读大众文化[M].杨全强,译.南京:南京大学出版社,2001.

[27] 阿瑟·阿萨·伯杰.媒介分析技巧[M].李德刚,何玉,译.2版.北京:中国人民大学出版社,2005.

[28] 托伊恩·迪克.作为话语的新闻[M].曾庆香,译.北京:华夏出版社,2003.

[29] 阿兰·斯威伍德.大众文化的神话[M].冯建三,译.北京:北京三联书店,2003.

[30] 约翰·费斯克.理解大众文化[M].王晓珏,宋伟杰,译.北京:中央编译出版社,2001.

[31] 麦克卢汉.理解媒介——论人的延伸[M].何道宽,译.上海:商务印书馆,2000.

[32] 道格拉斯·凯尔纳.媒体奇观——当代美国社会文化透视[M].史安斌,译.北京:清华大学出版社,2003.

[33] 拉里·A 萨默瓦,理查德·E 波特.跨文化传播[M].闵惠泉,等,译.4版.北京:中国人民大学出版社,2004.

[34] 赫伊津哈.游戏的人[M].杭州:中国美术出版社,2006.

[35] 史蒂夫·威尔斯坦.美联社体育新闻报道手册[M].郑颖,译.北京:中央编译出版社,2004.

[36] 杰·科克利.体育社会学——议题与争议[M].管兵,等,译.6版.北京:清华大学出版社,2003.

[37] 布鲁斯·加里森,等.体育新闻报道[M].郝勤,等,译.北京:华夏出版

[38] 汤姆·海德里克.体育播音艺术[M].任悦,等,译.北京:中国广播电视出版社,2008.

[39] 富兰克林·弗尔.足球解读世界[M].都帮森,译.北京:当代中国出版社,2006.

[40] 克雷格·麦盖尔.足球潜规则[M].谷兴,译.哈尔滨:哈尔滨出版社,2004.

2. 论文类

[1] 马希敏.媒介文本中的"拟态"体育世界[J].体育文化导刊,2007:10.

[2] 郭晴,郝勤.媒介体育:现代社会体育的拟态图景[J].体育科学.2006,26(5).

[3] 李春华,刘红霞.媒介体育与国家认同[J].北京体育大学学报,2007(4).

[4] 杨鹰.新媒介体育传播审视[J].体育文化导刊.2009(2):85-87.

[5] 谭涛.媒介体育畸变困境下的媒体自律[J].体育学刊.2007(9):125-128.

[6] 肖沛雄.精心打造北京奥运的三大媒介奇观 努力构建中国良好的国际媒介形象[J].新闻知识,2007(9).

[7] 曹晋.体育明星的媒介话语生产:姚明、男性气质与国家形象[J].新闻大学,2007,(4).

[8] 肖焕禹,刘静.我国体育新闻传播百年回顾与展望[J].上海体育学院学报.2004,28(6):116-121.

[9] 易剑东.体育概念和体育功能论[J].体育文化导刊,2004(1):32-34.

[10] 肖焕禹,冉强辉.中国现代社会结构变迁与体育发展走向[J].中国体育科技,2002,38(8).

[11] 郭邦士.传播媒介对体育运动的影响.[J].山西师大体育学院学报,2011,16(3).

[12] 代玉梅.试论大众传媒与体育可持续发展[J].南京体育学院学报,2004,18(2).

[13] 李吉成,胡光霞.大众传播媒介对体育的驱动与抑制[J].体育科技文献通报,2006(4):31-33.

[14] 王大中,陈鹏.传播的体育、体育的传播——大众传播与体育发展互动研究论纲[J].现代传播,2004(4).

[15] 李勇.体育与传媒的关系[J].辽宁体育科技,2003,25(4).

[16] 王蔚岚.论我国媒体与体育态势的合作及前景[J].天津体育学院学报,2003(4):68-71.

[17] 林勇虎.乔艳春.体育与媒体结合的社会文化审视——历史回顾与相互

影响[J].沈阳体育学院学报,2004(5):609-612.

[18] 郭邦士.传播媒介对体育运动的影响[J].山西师大体育学院学报,2001(3):16-18.

[19] 王晓东,李宗浩.论传播媒介形态变化及对体育传播的影响[J].上海体育学院学报,2003(5):29-31.

[20] 王清明,刘安清.论体育与媒体的双向关系研究[J].体育成人教育学刊,2004,20(6).

[21] 邓星华.现代体育传播研究[J].体育科学,2005(10):23-31.

[22] 朱征洪,任广耀.体育新闻传播中受众心理倾向初探[J].体育文化导刊,2003(4):32-33.

[23] 周晓东.试论大众传播媒体对大众体育发展的影响[J].福建体育科技,2000(4):1-3.

[24] 央视-索福瑞,上海文广集团发展研究部.中国电视体育市场报告(2004—2005)[R].上海:上海文广集团发展研究部,2004.

后记

这本书是在我的博士论文《我国媒体体育的现状及发展对策研究》的基础上加以修改完成的。

2005年至2010年,我在华中科技大学在职攻读新闻传播学博士学位,师从著名学者吴廷俊教授。这五年,是我人生中十分辛苦而又非常美好的一段时光。

这五年,如果能用一个词来概括自己,那就是"忙碌"。为生计,为事业,也为学术,一直在奔忙。实事求是地说,每天忙于杂事俗务的时候多,忙于读书穷理的时候少。记得最忙的时候,有两年的除夕夜是在办公室度过的,没有收看春晚,没有阖家守岁。

一年到头穷忙却鲜有标志性的成果,是最有愧于心的事情,更愧对恩师的教诲。我的博士论文,是在导师反复催促的情况下,我才下决心动笔的。仅一开题报告,导师就朱批六次,加之书信来往、电话交流、耳提面命,其中心血非常人所能体味。因为有开题报告作为基础,后续的正式写作反而顺畅得多,正所谓先苦后甜。

谢谢吴老师,您严谨的治学精神与豁达的人生态度,不才将毕生谨记且受用无穷!

由于自己当时在广州工作,每次上课都是来去匆匆,正因为如此,老师们课堂上的知识传授与开题报告会上的问题质疑,就显得弥足珍贵。在此,诚挚感谢孙旭培、屠忠俊、张昆、石长顺、申凡、赵振宇、舒咏平、钟瑛、刘洁等师长们几年来的悉心指导与不吝赐教!

在博士论文撰写以及书稿修改过程中,我还有幸得到了何爱军、余庆、黄婧、李峰、付晓静等诸位友人以及我家人的鼎力相助,在此一并致谢!

就在本书出版之际,体育发展已经正式上升为国家战略。国务院提出,到2025年,我国体育产业总规模将超过5万亿元。可以预见,在不远的将来,我国体育能成为国民的生活方式,体育产业也能成为国民经济的支柱性产业。

而撬动体育产业发展的最佳杠杆,自然是媒体体育。但愿本书的出版,能够吸引更多的学人来共同研究媒体体育,共同促进中国体育的发展,通过体育发展来推动社会进步。

张德胜
2015 年 7 月